8° Z
LE SENNE
10905

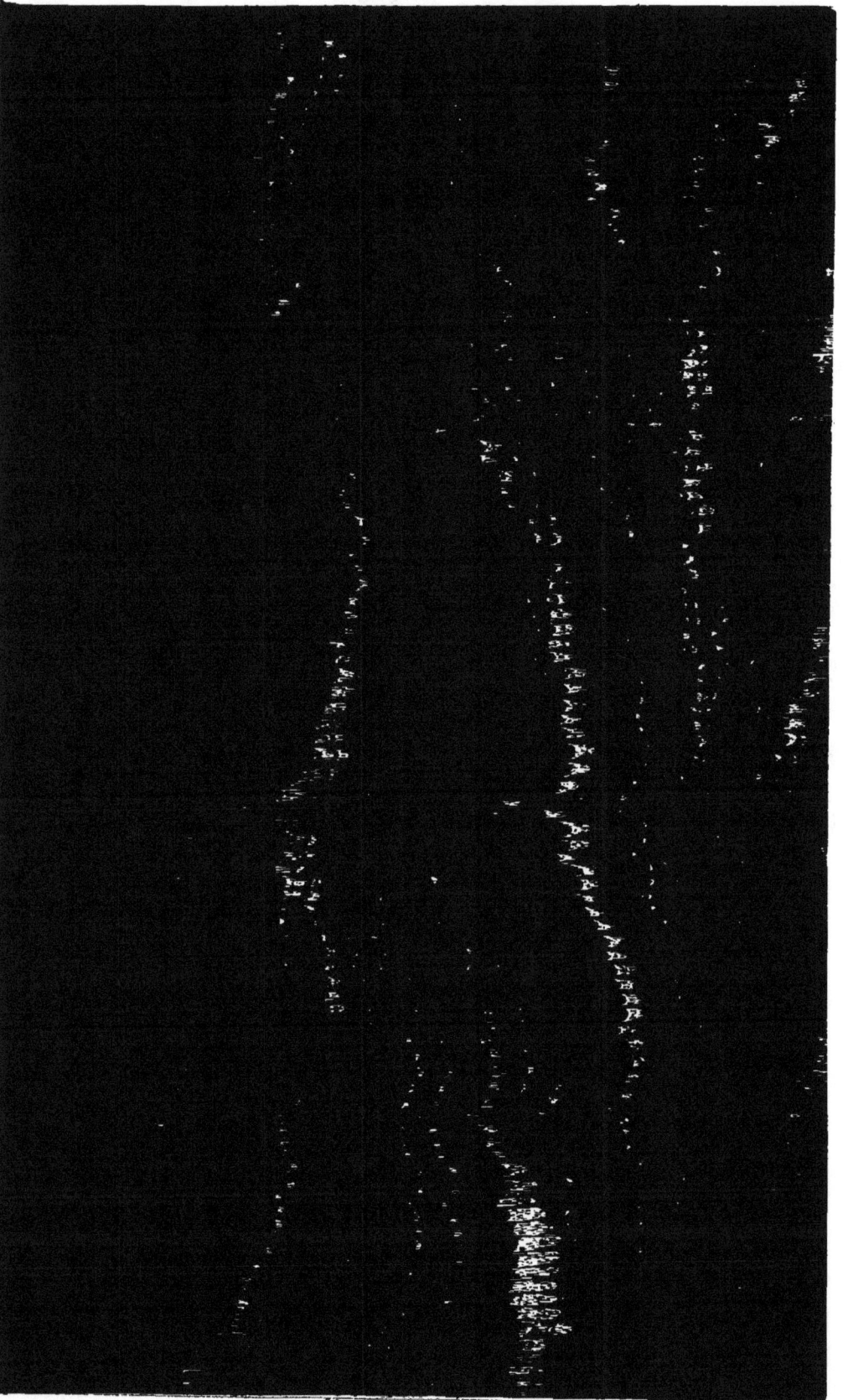

VOYAGE
D'UN ÉTRANGER
EN FRANCE.

IMPRIMERIE DE FAIN, RUE DE RACINE,
PLACE DE L'ODÉON.

VOYAGE

D'UN ÉTRANGER

EN FRANCE,

PENDANT

LES MOIS DE NOVEMBRE ET DÉCEMBRE 1816.

SECONDE ÉDITION.

A PARIS,

Chez { L'HUILLIER, Libraire, rue Serpente, n. 16;
DELAUNAY, Libraire, au Palais-Royal.

1817.

INTRODUCTION.

Le comte Léonce de *** habitait une petite ville du Mecklenbourg. C'était un homme de quarante ans, qui avait beaucoup lu, beaucoup étudié, et principalement tout ce qui a rapport à la science du gouvernement. Un penchant secret l'avait toujours entraîné vers la nation française. Il l'avait suivie dans la marche rapide de ses prospérités et dans les gradations successives de son infortune. Malgré le sentiment national qui l'avait porté à désirer l'indépendance de l'Allemagne, il avait vu avec peine la France accablée par l'Europe entière. Il avait eu un vif désir de venir en France au moment où elle éblouissait l'Europe par l'éclat de ses conquêtes; mais ses opinions l'avaient retenu. Le comte de ***, qui avait voyagé en Angleterre et en Suède, qui avait profondément réfléchi sur la forme de leur gouvernement, avait fini par se persuader qu'une monarchie où l'autorité souveraine a pour limite des lois consenties par la nation elle-même, et revêtues d'un caractère inviolable, pouvait seule rendre un peuple heureux, en lui conservant sa liberté et ses droits. Le gouvernement de la France, à cette époque, était loin de lui offrir cette balance des pouvoirs, qui est l'essence d'un gouvernement représentatif. Il n'y voyait qu'un simulacre de représentation toujours passive, toujours muette, toujours prête à sanctionner les volontés, quelque arbitraires qu'elles fussent, de l'homme qui avait réuni dans ses mains tous les pouvoirs, comprimé toutes les libertés, courbé toutes les têtes sous un joug absolu. Le comte n'avait pu se déterminer à venir voir de près un état de choses si humiliant, qui diminuait bien à ses yeux la splendeur d'une nation qu'il plaignait quand tout le monde l'admirait.

Les grandes questions dont il s'était occupé toute sa vie, agitaient maintenant l'Allemagne entière; elles avaient donc de nouveau fixé son attention, qui s'était détournée de la France, où il avait vu les prétentions d'une classe privilégiée paralyser les bonnes intentions du monarque. Tout à coup ce prince, par une décision solennelle, manifesta son amour pour son peuple et son retour aux principes, que le comte regardait comme la seule garantie de la tranquillité et du bonheur d'un état. Le comte ne doutait pas de l'effet salutaire de cette sage mesure, qui devait, selon lui, calmer toutes les inquiétudes, rassurer tous les intérêts, éteindre la fureur des partis, que la manie de tout ramener aux anciens usages était prête à réveiller. Quelle fut sa surprise, lorsqu'il apprit que l'improbation et le mécontentement avaient accueilli la décision du monarque! Son étonnement augmenta lorsqu'il lut l'écrit d'un homme aussi connu par son talent que par son amour pour la dynastie légitime, aussi considérable par l'influence de ses lumières que par ses éminentes dignités. Il lui semblait juste que, dans le conseil du Roi, cet écrivain eût soutenu son opinion par toute la force, par toutes les ressources de l'éloquence et du raisonnement; mais dès l'instant que cette opinion n'avait point prévalu, dès l'instant que le gouvernement, sans y avoir égard, avait adopté la marche qu'on voulait combattre, comment la vanité avait-elle pu engager ce même homme à faire part de ses raisons au public, à décréditer un gouvernement qu'il devait soutenir, à jeter de la défaveur sur ses démarches, à publier enfin un écrit d'autant plus condamnable, qu'il s'efforce de faire croire que ses sentimens sont ceux de la majorité de la nation, qu'il met ainsi en opposition formelle avec le Roi?

Ces réflexions persuadèrent au comte que l'esprit de parti devait avoir beaucoup de part à ce déchaînement d'improbation, qu'on voulait faire croire universel, et que ce qu'on donnait pour la manifestation de l'opinion publique, n'était peut-être que les vociférations d'un parti trompé dans ses espérances. Il croyait la nation française trop spirituelle, trop éclairée, pour méconnaître ses intérêts au point de désapprouver la conduite du Roi. Le désir de voir la France se réveilla chez lui. A ce désir se joignit celui de vérifier tout ce que des rapports contradictoires lui avaient appris sur les sentimens de la majorité des Français. Il se rappela qu'un de ses oncles, au moment où la révolution éclata, avait accueilli dans son château quelques-uns des nobles proscrits, qui cherchaient alors un asile loin de leur patrie, et qui, rentrés depuis en France à la suite du Roi, avaient trouvé dans des emplois importans la récompense de leur fidélité et de leurs longs malheurs. Il fit part de sa résolution à cet oncle, qui lui donna des lettres pour les personnes qu'il avait généreusement accueillies dans l'infortune, et qui ne pouvaient manquer de prouver par la bienveillance qu'elles témoigneraient au neveu, la reconnaissance qu'elles conservaient pour l'oncle.

Le comte s'embarqua à Hambourg dans les derniers jours d'octobre 1816, et passa deux mois en France. Il n'était pas venu pour approfondir des questions sur lesquelles son opinion était fixée depuis long-temps; il ne venait que pour s'instruire sur les sentimens de la nation, et sur la véritable situation de l'esprit public. Lorsqu'il eut fait toutes ses observations, qu'il mettait chaque jour par écrit, il les recueillit pour en communiquer l'ensemble à ses amis. C'est sa relation qu'on va lire, c'est le comte qui parle.

VOYAGE D'UN ÉTRANGER EN FRANCE.

CHAPITRE PREMIER.

L'OFFICIER DE MARINE.

Après une traversée heureuse, je débarquai dans le port de ***. Je me promettais de visiter le lendemain la ville, le port et les environs. A peine sortais-je de chez moi, que je rencontrai un capitaine de frégate nommé Dupré, que j'avais connu à Hambourg lorsque cette ville était occupée par l'armée française. Il était logé chez une de mes parentes, où je l'avais vu souvent; et comme nos caractères se convenaient, il s'était établi entre nous une sorte d'intimité.

A peine m'eut-il reconnu, qu'il vint à moi et m'embrassa. Vous l'avez donc réalisé, me dit-il, ce projet dont vous m'aviez tant de fois entretenu, vous vous êtes décidé à venir en France. Les raisons qui vous arrêtaient n'existent plus; mais je crains bien que vous n'emportiez peu de satisfaction de votre voyage. Vous qui aimez notre nation, vous serez bien affligé de la trouver dans une position aussi malheureuse. — Voilà justement ce qui m'amène. Nous recevons des rapports si contradictoires sur tout ce qui se passe chez vous, que j'ai voulu le voir par moi-même. — Le plus grand de nos malheurs, c'est ce choc d'intérêts opposés, d'opinions contraires, qui a dicté les rapports qui vous sont parvenus. — Eh bien! mettez-moi au courant de tout cela. — Ce n'est pas un homme tel que vous qui peut s'en rapporter à ce qu'on lui dit. Vous serez bientôt mieux instruit par vos observations, que par tout ce que je pourrais vous raconter. D'ailleurs, je suis moins propre que tout autre à vous donner les détails que vous désirez. Je me suis jusqu'à présent borné aux études nécessaires à mon état et à la connaissance des devoirs qu'il impose. Je me félicitais même d'être, par cet état, étranger à toutes les discussions politiques. Accoutumé à obéir aux ordres que je reçois sans les commenter, à suivre l'impulsion donnée par le gouvernement sans contrôler sa marche, je m'étais fait un plaisir d'ignorer tous les débats d'opinion et tout ce qui y donnait lieu;

mais cette fois-ci, il a fallu m'instruire malgré moi du sujet qui échauffe toutes les têtes. La manie de s'occuper des affaires publiques a gagné toutes les classes. La nôtre n'en est pas plus exempte que les autres, et me trouvant à chaque instant avec des gens qui en parlaient presque toujours avec une chaleur et une passion qui m'étonnaient, je me suis mis, sans le vouloir, au courant de toutes les querelles de parti. Je n'essaierai point de vous donner une idée de ces disputes, il vaut mieux vous en rendre le témoin. Comme je professe moi-même les sentimens de modération qui éprouvent une opposition si violente, vous pourriez croire que j'ai chargé le portrait de mes adversaires. Je vous présenterai ce soir dans une maison où se réunissent beaucoup d'officiers de marine, et là vous pourrez commencer à satisfaire l'envie d'observer, qui vous a conduit parmi nous.

J'acceptai avec joie la proposition de Dupré. Le soir il me conduisit dans la maison dont il m'avait parlé. La maîtresse de la maison, à laquelle il me présenta, m'accueillit fort bien. Bientôt la salle se remplit d'un grand nombre d'officiers supérieurs de la marine. Je restai près de Dupré, afin qu'il me fît connaître les individus qui composaient cette réunion. Je remarquai un petit homme noir et déjà âgé, auquel tout le monde témoignait beaucoup d'égards. Il serrait la main à quelques-uns, et paraissait à peine remarquer les autres. Dupré s'approcha de lui pour lui présenter ses devoirs, et n'en reçut qu'un salut très-froid. Quand il fut revenu près de moi, il m'apprit que le petit homme était contre-amiral et commandant de la marine. Pendant qu'il me parlait, la conversation s'engagea dans le cercle qui entourait le commandant de la marine. Oh! disait celui-ci, tout cela ne peut durer long-temps. J'ai reçu une lettre de Paris : on m'annonce que les esprits sont très-bien disposés, que tout le monde crie contre ce que fait le Roi, et qu'il sera forcé de rentrer dans la bonne route. Les princes combattent de tout leur pouvoir la résolution qu'il a prise.... Dans ce moment, un homme âgé, d'une taille élevée, d'une figure noble, décoré de la croix de Saint-Louis et des épaulettes de capitaine de vaisseau, interrompit le commandant de la marine : Eh! monsieur, qui vous a si bien initié dans les secrets de cette auguste famille? Quelles preuves avez-vous de cette mésintelligence, et qui vous a autorisé à la publier? Si cette opposition existait, ce que je suis loin de croire, au lieu de la divulguer, les vrais amis du Roi devraient l'entourer d'un voile impénétrable et d'un silence respectueux. Il ne faut pas que le peuple sépare l'amour qu'il porte au Roi de celui qu'il doit aux princes de son sang. Quel sera cependant l'effet de votre imprudent empressement à annoncer que les princes sont opposés au Roi, si ce n'est de les décréditer dans l'esprit du peuple, qui croira voir en eux des ennemis de ses intérêts et de ses droits? Songez, monsieur, combien une pareille assertion peut être dangereuse, surtout lorsqu'elle vient d'un homme revêtu d'un emploi important, et qu'on doit supposer ne rien avancer légèrement. Non, non : nous devons croire les princes unis de cœur et d'intention avec l'auguste chef de la famille; et si malheureusement cela n'était pas, il faudrait le taire et tâcher de nous le cacher à nous-mêmes.—Monsieur, répondit le contre-amiral, vous en direz tout ce qu'il vous plaira ; mais j'ai mes raisons pour parler ainsi. Vous-même, monsieur, pouvez-vous approuver tout ce qui se passe ? Ne gémissez-vous pas de voir les hommes de la révolution comblés de faveur, tandis que nous, fidèles serviteurs du Roi, on nous oublie, on nous prive des récompenses qui nous sont dues ? —Est-ce vous, monsieur, qui devez vous plaindre de cet oubli? Le Roi n'a-t-il point fait pour nous tout ce que la malheureuse position de la France lui permettait de faire? Soyez-en sûr, cette soif insatiable des honneurs et des emplois lucratifs n'est pas ce qui a contribué le moins à nous nuire dans l'esprit de la nation. Cette manie de vanter nos services, afin qu'on les mette à prix, est justement ce qui a donné l'idée de les tourner en ridicule, et ce qui a prouvé la nullité du désintéressement dont on faisait parade.

La maîtresse de la maison, qui voyait que le petit homme se mordait les lèvres, et supportait impatiemment la remontrance du capitaine, fit cesser la conversation en arrangeant les parties de cartes. Aussitôt le cercle se rompit, et l'on prit place aux tables de jeu. Les personnes qui ne jouaient pas lièrent conversation entre elles. J'étais de ce nombre ainsi que Dupré. Il s'approcha du capitaine qui avait si bien parlé. Celui-ci lui serra la main et parut le distinguer d'une manière particulière. Quand ils eurent fini de se parler, je tirai Dupré dans un coin de la salle, et m'asseyant près de lui, je le priai de me faire connaître les deux personnages qui venaient de fixer notre attention. Ni l'un ni l'autre, me dit-il, n'ont servi sous le gouvernement précédent. Tous deux ont émigré, et sont rentrés avec le Roi. Il y a cependant entre eux une différence essentielle ; M. de Versac, auquel je viens de parler, était capitaine de vaisseau au moment où la révolution éclata. Il émigra, et servit dans l'armée des princes. Lorsqu'il vit que tout le monde désespérait de la cause du Roi, et qu'il ne pouvait plus la servir utilement, il pensa à lui, et sentit la nécessité de se faire une existence honorable dans le pays où il avait trouvé un asile. Il prit donc du service chez une grande puissance, il s'y distingua, et obtint le grade qu'il avait en sortant de sa patrie. Quand le Roi rentra, il quitta le service étranger pour rentrer dans cette France, à laquelle il gémissait de n'avoir pu consacrer sa vie et ses services. Sa carrière a été active et glorieuse ; comme il a toujours vécu au milieu du monde, qu'il a toujours vu les hommes, et qu'il en a commandé, il a été à même de suivre la marche de l'esprit humain, et le progrès des lumières depuis vingt-cinq ans. C'est pour cela qu'on l'a toujours vu opposé à ceux qui veulent nous faire rétrograder d'un quart de siècle. Ayant servi lui-même avec honneur, il a su apprécier la valeur des armées françaises. Loin de rabaisser les services de ceux qui ont servi dans la révolution, il les honore : il ne croit pas que les grades qui en ont été le prix soient usurpés ; il les voit, au contraire, avec plaisir possédés par ceux qui les ont mérités. Aussi n'a-t-il point partagé les folles prétentions des hommes qui ont cru que tous les emplois, toutes les dignités devaient payer leur inutilité. Il n'a rien demandé pour lui ; il s'est contenté de reprendre le grade qu'il avait avant de quitter la France.

M. d'E... est un homme tout différent. Ayant émigré en 1791, il suivit l'armée des princes. Quand cette armée se dispersa, il rassembla tout ce qu'il avait pu emporter de la France, ainsi que quelques sommes qu'on lui fit parvenir, et se retira dans une petite maison de campagne, où il vivait avec une cuisinière. Il resta confiné dans ce manoir champêtre jusqu'à ce que le Roi rentrât en France. Il menait une vie très-solitaire et très-simple. Son occupation favorite était de tricoter, et il porte encore des pantalons, fruit de ce délassement qui charmait les loisirs de son exil. Lorsqu'il sortit de sa petite habitation, il était aussi étranger aux mœurs présentes que si, nouvel Épiménide, il eût dormi tout le temps qu'il y avait passé. Il ne pouvait se figurer que les esprits, que les choses eussent changé, puisque lui était toujours resté le même. Aussi on l'a vu un des plus ardens à vouloir tout ramener aux mœurs du temps passé, et à frapper d'anathème tout ce qui avait été fait depuis la révolution. Au milieu de tout cela, il ne perdit pas de vue son avancement et sa fortune. Il était lieutenant de vaisseau en quittant la France, et on vient de le faire contre-amiral : vous voyez cependant qu'il n'est point encore satisfait, et qu'il trouve qu'on oublie ses services.

Vous rencontrerez dans votre voyage beaucoup d'hommes qui lui ressemblent; vous en trouverez moins de l'espèce de M. de Versac. Il était si difficile, en effet, de résister à la tentation de se faire donner des grades et des emplois, lorsqu'on n'avait qu'à les demander pour les obtenir, qu'il faut avoir un caractère aussi noble et aussi élevé que M. de Versac, pour ne point avoir usé de cette facilité ; mais sa conduite désintéressée a sa source dans l'élévation de ses sentimens et dans la conscience de son mérite. Il sait bien qu'il n'a pas besoin d'un poste éminent pour qu'on le distingue; et il voit tant de gens au-dessous de leurs emplois, dont on respecte le grade en méprisant la personne, qu'il aime mieux ne devoir qu'à lui-même la considération qu'il est sûr d'obtenir. Vous avez vu avec quelle fermeté il a combattu les propos inconséquens de M. d'E..... Celui-ci redoute beaucoup de se trouver aux prises avec lui; car il ne peut se défendre de reconnaître en M. de Versac l'ascendant de la raison et du caractère, et, pour s'y soustraire, il n'a point la même ressource qu'il emploie avec nous tous. Lorsque nous l'embarrassons par nos raisonnemens, il nous jette tout de suite au nez que nous avons servi pendant la révolution; et, suivant sa manière de voir, c'est nous dire que nous ne pouvons pas avoir de bonnes intentions, et que nos opinions se ressentent de la cause que nous avons servie. Comme M. de Versac est aussi exempt que lui de ce reproche, il se trouve privé avec lui de son arme favorite, et reste fort embarrassé, lorsque celui-ci déploie contre lui les ressources que lui fournissent sa raison et son éloquence.

Vous devez vous attendre, dans le voyage que vous allez faire, à voir toujours les prétentions en raison inverse du mérite. M. de Versac est doux et conciliant, parce qu'il est brave; affable et modeste, parce qu'il est véritablement noble et grand; désintéressé, parce qu'il n'a servi que pour l'honneur. Les vices opposés à ces précieuses qualités produisent aussi des effets contraires. Ainsi, vous verrez l'animosité, l'esprit de vengeance et de forfanterie, à côté de la lâcheté, l'orgueil et la présomption, à côté de l'ineptie, la morgue à côté de la bassesse, et la soif des honneurs et des richesses dévorant ceux dont la vie a coulé dans l'inaction, la turpitude ou l'intrigue.

Dupré me parla encore long-temps de tout ce que j'allais voir dans la société. Je trouvais qu'il jugeait les hommes un peu en misanthrope ; et cependant je l'écoutais avec plaisir, parce qu'il y avait dans ses discours un grand fonds de raison et de vérité. Je le remerciai des avis qu'il m'avait donnés; et, impatient de vérifier tout ce qu'il m'avait dit, je pris congé de lui le lendemain, et me mis en route pour Paris.

CHAPITRE II.

LA MARQUISE.

Je voyageais en poste, mangeant à table d'hôte, pour recueillir les propos qui me paraîtraient mériter quelque intérêt. Partout j'entendais des disputes, partout j'entendais parler de représentation, d'initiative, et je m'apercevais que la plupart de ceux qui disputaient sur ces grands mots ne les comprenaient pas. Quand je m'informais de l'esprit public, l'un me disait qu'il était excellent, l'autre qu'il était détestable. Les uns me disaient que le Roi avait sauvé la France, d'autres qu'il venait de la perdre sans ressource. Je vis bien que ce n'était pas en voyageant aussi rapidement que je recueillerais rien de positif et d'intéressant. La seule chose qui me parut prouvée par tout ce que je pouvais voir et entendre, c'est que le peuple souffrait beaucoup, que le numéraire était rare, le commerce presque nul, et que la cherté du pain rendait plus déplorable que jamais la situation de la classe indigente. J'arrivai à Paris. Après avoir consacré plusieurs jours à voir tous les monumens et les objets curieux que renferme cette grande capitale, je m'informai du domicile des personnes pour lesquelles j'avais des lettres, et je résolus de commencer mes visites par madame la marquise de F...

Je me rendis chez elle. Lorsque je me nommai et qu'elle eut lu la lettre de mon oncle, elle me témoigna de la manière la plus aimable le plaisir qu'elle éprouvait de voir le neveu d'un homme pour lequel elle conservait beaucoup de reconnaissance. Si mon respectable époux existait encore, me dit-elle, sa joie serait égale à la mienne, car il me parlait souvent de M. votre oncle, et ce n'était jamais qu'avec des marques de la plus vive sensibilité. Elle mit à ces paroles une expression de tristesse qui me prévint en sa faveur. Elle entra avec moi dans de grands détails sur mon voyage et sur les motifs qui me l'avaient fait entreprendre : je les lui exposai sans détour ; et, sans lui faire connaître positivement mes opinions, je lui laissai entrevoir de quel côté elles penchaient.

La marquise prit alors un ton imposant, et me dit : Puisque vous venez en France pour vous éclairer sur sa situation, je vais en peu de mots vous mettre au courant de ce que vous désirez savoir. Vous avez connaissance des horreurs qui ont signalé notre révolution; vous avez vu par quelles cruautés, par quelle soif de guerre et de carnage les Français ont épouvanté l'Europe depuis vingt-cinq ans. Tel a été le résultat de cette philosophie, de ce progrès des lumières, de ces idées de liberté et d'indépendance tant prônées par leurs partisans. Quel devait donc être le premier soin du Roi à son retour? De revenir sur tout ce qu'a fait cette déplorable révolution, de récompenser sa fidèle noblesse, en lui rendant tout ce qu'elle a perdu, de rétablir dans toute leur pureté les lois, les mœurs, les usages, qui ont fait si long-temps le bonheur de nos ancêtres. Mais loin de là, le Roi, séduit par les idées du siècle, a cru devoir se soumettre à l'opinion de la nation au lieu de la diriger; il a prétendu donner lui-même à son peuple une constitution, comme si ce mot seul n'eût pas dû lui inspirer une haine insurmontable; mais le mal n'était pas sans remède. Cette charte, jugée nécessaire pour concilier les esprits, pouvait encore être éludée. En s'éloignant peu à peu des principes qu'elle consacre, on eût fini par obtenir les mêmes résultats que si elle n'existait pas. Une chambre sage marchait à grands pas vers ce but. Voilà que tout à coup un ministère perfide persuade au Roi que cette marche est contraire aux intérêts du trône. Une ordonnance dissout cette chambre qui avait fait tant de bien en si peu de temps, et nous replonge dans toutes les fureurs de l'esprit de parti, dans tous les dérèglemens des idées révolutionnaires. Tous les vrais gentilshommes, tous les partisans des idées saines et conservatrices, se sont réunis pour combattre le ministère. D'éloquens écrivains ont consacré leur plume à cette cause sacrée, et nous espérons encore que les amis de la monarchie, des mœurs et de la religion, sortiront triomphans de la lutte qu'ils soutiennent. Je suis persuadée que vous venez chez nous dégagé de préjugés, et surtout peu disposé à adopter ces principes affreux qui ont bouleversé la France, et auxquels on veut nous ramener. Vous verrez chez moi ce qu'il y a de plus distingué à la cour; vous gémirez avec eux du funeste aveuglement du Roi, vous reporterez dans votre pays une haine vertueuse pour les idées prétendues libérales, et vous en désabuserez ceux qui seraient tentés de les embrasser. Quand votre voyage ne servirait qu'à cela, vous pourrez vous flatter de l'avoir rendu utile à vos concitoyens. — Eh! monsieur n'est-

il pas noble? dit alors un homme qui avait un habit noir et les cheveux poudrés; n'est-il pas intéressé à faire cause commune avec nous, et à combattre les novateurs, qui sont les ennemis jurés de la noblesse? Cet homme, qui semblait vouloir me prouver que je devais penser comme lui, me déplut. Je lui répondis: Comme mon intérêt personnel n'est jamais ce qui dirige mon opinion sur les grandes questions d'intérêt public, ne soyez pas surpris que ma qualité de noble n'influe en rien sur le jugement que je porterai sur tout ce qui se passe chez vous. — A la bonne heure! mais encore, on se doit à soi-même, à la classe à laquelle on appartient, de défendre les droits que donnent la naissance, le rang...
— Vous aurez de la peine, monsieur, à me persuader de ce prétendu devoir, qui nous obligerait d'être sourds à la raison... — Sans doute, interrompit la marquise, M. l'abbé va trop loin. M. le comte ne veut point que son opinion paraisse lui être dictée par ses devoirs, imposée en quelque sorte par sa condition. Il aime bien mieux qu'elle ne soit que le résultat de ses sentimens élevés et dignes de sa haute naissance. C'est l'élévation et la noblesse de ses sentimens, qui nous garantissent la conformité de ses opinions avec ce qu'il y a de plus distingué et de

plus respectable en France. La manière dont la marquise s'y prenait pour me dire ce que je devais penser, ne me plaisait guère plus que celle de l'abbé. Cependant je ne répliquai pas, et j'eus l'air de tomber d'accord avec elle.

Sur ces entrefaites, une dame de l'âge de la marquise entra dans la salle avec précipitation, et sauta à son cou sans faire attention à moi.— Ah! ma chère, s'écria-t-elle, toujours de nouveaux scandales! Qu'est-ce que tout cela deviendra? — Qu'y a-t-il donc encore de nouveau, ma chère baronne? dit la marquise. — Ah! ma digne amie, vous savez ce discours si beau, si moral, si sage, qui nous a tous enchantés! — Eh bien! — Eh bien! on souffre que d'insolens journaux le critiquent, que dis-je? le tournent en ridicule, en fassent l'objet d'un persifflage abominable. On a osé parodier ce discours dans une chanson qui est dans toutes les bouches. — Est-il possible? — N'est-ce pas, dis-je alors, le discours d'un président? — Justement. — Je l'ai lu dans les journaux. — Quel effet a-t-il produit sur vous, monsieur? — Il m'a paru fort étrange... — Fort étrange qu'on ose le critiquer, n'est-il pas vrai? Ah! vous avez bien raison! On voit que vous pensez bien. Je l'aurais deviné à votre figure, vous êtes un bon Français. — Je suis étranger. — C'est égal, vous pensez en bon Français. — Je dois avouer, madame, que je ne partage pas... — Vous ne partagez pas les opinions d'après lesquelles se dirige le gouvernement. Ah ! c'est encore une preuve de votre excellent jugement et de l'honnêteté de votre âme. Plût à Dieu que tout le monde vous ressemblât ! On ne verrait pas accueillir tous ces misérables écrits que la malignité dirige contre ce qu'il y a de plus respectable. Que n'a-t-on point dit encore contre le dernier ouvrage du plus éloquent de nos écrivains ? Quelle persécution ! — Ah ! pour celui-là, madame, il me semble que c'est avec raison.... — Que je m'élève contre ses détracteurs. Je vous devine, monsieur, vous trouvez que je n'en dis point encore assez. Que ces sentimens vous font honneur ! Qu'ils vous élèvent dans mon esprit ! Mais concevez-vous l'aveuglement du gouvernement, qui laisse circuler des pamphlets aussi contraires aux mœurs, à la religion et à ses propres intérêts ? — Madame, vous parlez du mal que font ces écrits... — En termes trop modérés, n'est-ce pas ? — Mais je ne crois pas qu'il soit... — Facile à arrêter, n'est-il pas vrai ? Non, monsieur, non, il ne sera pas facile d'en arrêter les progrès, et les imprudens qui favorisent cette licence, s'apercevront trop tard de ses résultats! Mais c'est ce qu'ils cherchent. Ils ne se plaisent que dans le désordre, et nous, honnêtes gens, nous serons les victimes. — Madame, je ne crois pas... — Eh! ni moi non plus, je ne crois pas qu'ils aient d'autres intentions. Elles paraissent trop à découvert, et j'en ai jugé comme vous. Mais à qui, madame, prêtez-vous ces intentions? — Croyez-vous, monsieur, que je puisse m'y tromper plus que vous? Non, non, nous voyons tous deux de la même manière. C'est aux ministres que j'en veux; ce sont eux qui précipitent le Roi dans toutes ces fausses démarches. — Ah! madame, quelle idée !..... —Qu'elle est bien conforme aux vôtres, n'est-ce pas? et que vous me savez gré d'avoir lu dans votre pensée ! Monsieur, cette opinion est celle de tous les braves gens qui comme vous ont versé leur sang pour la bonne cause... — Madame, j'ai déjà eu l'honneur de vous dire.... — Ah! c'est vrai, vous êtes étranger. C'est égal, vous seriez homme à le faire, et je vous regarde comme aussi-bien pensant que... — Madame, je ne mérite pas... — Qu'on vous confonde avec les partisans de constitution, de représentation, et de cent autres sottises pareilles! Vous n'avez pas besoin de le dire, monsieur, je suis loin de vous faire cette injustice. Non, monsieur, je ne vous confonds pas avec de pareilles gens. Quel dommage que je sois pressée, que j'aie tant de personnes à voir aujourd'hui! j'aurais bien du plaisir à causer de tout cela avec un homme aussi éclairé que vous : mais ce sera pour un autre jour. J'espère vous revoir dans cette respectable maison. Adieu, monsieur, je suis enchantée d'avoir fait votre connaissance. Persistez dans les bons sentimens que vous m'avez manifestés, et ne désespérez pas de les voir triompher avant qu'il soit peu. Adieu, ma chère marquise; sans adieu, monsieur l'abbé. Et voilà la baronne qui sort aussi lestement qu'elle était entrée, pour aller faire sa ronde dans une vingtaine de maisons, où elle débitera sans doute les mêmes impertinences.

J'étais resté stupéfait du bavardage de cette femme, et je serais parti d'un éclat de rire, si l'abbé ne m'eût dit : C'est une femme bien respectable que madame la baronne! Je suis bien aise que vous ayez été à même de l'apprécier. Mais vous verrez encore ici d'autres personnes bien recommandables.

L'abbé eût sans doute parlé long-temps sur

ce point, si l'on n'eût annoncé M. Lemoine. Pour celui-là, dit la marquise, je le verrai avec plaisir, et nous devons lui savoir gré de sa façon de penser. Il a plus de droits à notre reconnaissance que tout autre ; car enfin c'est un homme de rien, et cependant il soutient avec une chaleur bien digne d'éloges les droits et les prétentions de la noblesse.

M. Lemoine entra et salua avec les démonstrations du plus humble respect la marquise et l'abbé, qui lui rendirent un salut de protection. Il me fit aussi beaucoup de politesses lorsqu'il vit que la marquise me marquait de la considération. La conversation s'étant remise sur le sujet où elle était quand il entra, je le vis avec étonnement renchérir sur tout ce que disaient les autres, avec une exagération qui me fit douter s'il parlait sérieusement. Mais j'en fus bientôt convaincu par l'assurance avec laquelle il continuait sur le même ton, et par le plaisir que son auditoire paraissait avoir à l'entendre. Non, disait-il, il n'y a point à transiger, il faut que tout ce que la révolution a créé soit anéanti. Il faut que tous les hommes qui ont servi la révolution soient irrévocablement écartés des emplois !

Un instant après, il tira de sa poche un

placet, qu'il pria la marquise de faire apostiller par le duc de Q***, qui venait souvent chez elle. Je me flatte, dit-il, qu'il ne craindra pas de contribuer à me faire obtenir un emploi, qui ne sera que la récompense de mon zèle à défendre la bonne cause. La marquise lui promit de faire tout ce qu'elle pourrait, en ne lui dissimulant pas que dans le moment présent la protection du duc de Q***. lui serait peut-être de peu d'utilité. C'était fournir un beau texte à nos deux champions, qui se donnèrent carrière sur les malheurs du temps, l'aveuglement du Roi et la trahison des ministres. Enfin M. Lemoine s'en alla. La marquise nous quitta un instant.

Me trouvant seul avec l'abbé, je lui dis que M. Lemoine me paraissait un bien dévoué partisan de la noblesse, et que, d'après la sévérité de ses jugemens, on devait croire que sa conduite avait toujours été pure. Parbleu, me dit l'abbé, vous êtes dans une étrange erreur ! Cet homme a été un révolutionnaire enragé. Il a aussi encensé Bonaparte ; mais n'ayant jamais rien pu en obtenir, il s'est jeté à corps perdu dans le bon parti. Vous sentez bien le cas qu'on doit faire d'un pareil homme. Mais, dans les temps difficiles où nous nous trouvons, il ne faut dédaigner aucun moyen de faire triompher notre cause; et ces gens-là, avec de l'impudence et de bons poumons, peuvent quelquefois rendre des services. Au reste, il a bien ses raisons pour parler comme il le fait; il ne prononce un anathème contre tout ce qui a servi la révolution, que parce qu'il espère qu'on fera une exception en sa faveur. Vous voyez qu'il sollicite le prix de son zèle. Dans les circonstances présentes, il n'y a point d'inconvénient à le lui faire espérer, pour qu'il ne se refroidisse pas; mais vous jugez bien que, si ces circonstances cessaient, on remettrait cet homme à sa place, et on le forcerait à se rendre justice lui-même. — Je vois, monsieur, que, quoi que fasse cet homme, vous n'en avez pas moins pour lui tout le mépris qu'il mérite, et que vous ne le souffrez que parce que vous croyez en avoir besoin. — Justement, monsieur. — Permettez-moi de vous dire que ce calcul a quelque chose de perfide et de peu généreux. Il serait bien plus convenable, bien plus honnête, de lui dire tout de suite son fait, avec d'autant plus de raison, que ces gens-là font toujours plus de tort que de bien au parti qu'ils servent. — Oh! monsieur, dans ce moment-ci, cela serait imprudent, cet homme pourrait se ranger du parti contraire....—Dites-moi donc de grâce pourquoi vous vous croyez intéressé à décrier le gouvernement. — Est-ce vous, monsieur le comte, qui pouvez faire une pareille question? et que deviendrons-nous si tout cela ne change pas? et nos biens qui ont été vendus? L'année dernière, on pouvait espérer que, si on ne nous les rendait pas en entier, du moins les acquéreurs seraient forcés de nous indemniser; et nos droits, notre considération, que deviennent-ils quand on laisse dans les emplois les plus éminens des hommes de la révolution? et avec leurs chambres, que reste-t-il à la noblesse? quelle prépondérance a-t-elle dans l'état? Non, non, monsieur, un gouvernement représentatif ne convient pas du tout à la France. — Ah! monsieur, faites-moi le plaisir de développer ce principe, et d'abord sous quel point de vue envisagez-vous le gouvernement représentatif pour le proscrire ainsi? — Moi, monsieur, je l'envisage... comme on doit l'envisager. — Mais encore...—Monsieur, le gouvernement représentatif..... parbleu! je ne me suis pas amusé à approfondir cette question. Il me suffit de savoir qu'un tel gouvernement ne nous convient pas, et que beaucoup de personnes très-sensées sont de mon avis.

— Et elles n'allèguent pas d'autres raisons que les vôtres? — Ah! monsieur, les raisons ne manquent pas, et c'est justement parce qu'il y en a tant... — Que vous n'en pouvez pas donner une.

La marquise, qui rentra dans ce moment, interrompit ma conversation avec l'abbé. J'en fus fort aise, car je venais de me convaincre qu'il n'y avait rien à dire à un homme aussi inepte et aussi entêté. Il sortit un instant après, et la marquise me dit qu'elle voyait avec plaisir que j'accordasse à cet homme la considération qu'il méritait. Elle m'apprit toute son histoire. Je sus qu'il avait émigré, mais qu'il était rentré il y a quinze ans; que malgré cela il n'avait point cessé de servir la bonne cause; qu'il s'était insinué dans la maison du maréchal duc de**, dont l'épouse, voyant que l'abbé mourait de faim, lui avait accordé des secours et lui donnait à dîner tous les jours; que l'abbé, malgré tout cela, n'oubliait pas ses devoirs, et qu'avec une magnanimité sans exemple, il mandait à ses correspondans tout ce qu'il pouvait apprendre chez son bienfaiteur de relatif au gouvernement, à ses plans, à ses projets, à ses forces, etc.; que, dans les dernières circonstances surtout, les rapports de l'abbé avaient été d'une grande utilité.

Je ne répondis pas, et j'admirai comment l'esprit de parti pouvait colorer les actions les plus viles, et décernait les noms les plus pompeux à la conduite la plus abjecte et la plus lâche.

La marquise m'invita à dîner pour le lendemain, et me dit qu'elle voulait me faire faire connaissance avec son neveu, qui était militaire. Je sortis de chez elle assez content de l'accueil que j'y avais reçu, mais peu satisfait des personnes que j'y avais vues, et de tout ce que j'y avais entendu.

CHAPITRE III.

LE DINER D'ÉTIQUETTE.

Je trouvai, le lendemain, chez la marquise une assemblée fort nombreuse. Elle me présenta son neveu. C'était un assez beau garçon de dix-neuf ans, chef de bataillon dans une légion, que j'appris être en garnison à Paris. Je remarquai parmi les dames la baronne que j'avais vue la veille. Il y avait aussi des officiers généraux et supérieurs, des chevaliers de Saint-Louis, mais presque tous très-âgés. Je me trouvai placé dans le cercle entre le neveu de la marquise et l'ennuyeux abbé.

Le neveu, qui s'appelait le chevalier de F., était mis avec un soin extrême; aussi il se regardait avec complaisance, et tournait souvent la tête à gauche pour admirer son épaulette. Je lui adressai la parole : Il est bien flatteur, monsieur, d'être à votre âge aussi élevé en grade. Officier supérieur, et pas encore vingt ans!
— Oh! monsieur, je devais prétendre à mieux que cela; mais il s'est fait tant d'injustices! on a si peu d'égards pour nous! Je devrais être colonel; il y en a certainement eu dans ma fa-

mille qui ont obtenu ce grade avant l'âge que j'ai atteint.—A ce que je vois, monsieur, quoique jeune, vous avez déjà de bien beaux services : la décoration que vous portez en est le certificat.—Oui, monsieur, certainement. J'ai prouvé mon zèle pour la bonne cause. Je me suis fait inscrire dans les volontaires royaux, en 1815. Il est vrai que je ne suis point parti ; mais c'est parce que j'étais indisposé. Mes droits n'en étaient pas moins les mêmes ; cependant j'ai obtenu, avec beaucoup de peine, le grade de chef de bataillon. Croiriez-vous qu'on ne voulait me faire que capitaine? Il faut pourtant que je me contente de ce qu'on m'a accordé ; vous avouerez que pour un jeune homme qui tient aux premières familles de France, c'est bien peu de chose!—Avez-vous fait quelqu'une de ces campagnes fameuses.....?— Quoi ! sous Buonaparte ! — Dans l'armée française. — Grâces au ciel, je suis de ce côté à l'abri de tout reproche. Vouliez-vous qu'un homme de mon rang servît avec un tas de gens sans aveu? — Non, non, interrompit l'abbé, monsieur le chevalier n'a jamais voulu en entendre parler, et c'est ce qui lui donnait des droits à être mieux traité qu'il ne l'a été. — Jugez, reprit le chevalier, combien il est pénible pour moi, dont la conduite a toujours été pure, de me trouver dans le même corps avec des gens sans naissance, qui ont gagné leur grade au service de Buonaparte ! — Mais, monsieur, ne peuvent-ils pas servir le Roi comme ils ont servi Buonaparte ? — Oui, ils en ont donné de belles preuves ! Croyez-moi, le Roi ne peut compter que sur nous. — Mais, monsieur, une conduite pure, comme vous appelez la vôtre, ne suffit pas pour commander des troupes ; car enfin l'instruction, l'habitude du commandement, la connaissance de son métier..... — Tout cela, monsieur, s'acquiert quand on veut s'en donner la peine. D'ailleurs est-ce aux chefs à entrer dans tous ces détails ? n'avons-nous pas des sous-officiers que cela regarde spécialement ? Les officiers de l'ancienne armée font sonner bien haut ces connaissances du métier, parce qu'ils n'ont que cela à faire valoir. Ils osent encore parler de leurs services quand on veut bien leur faire la grâce de les oublier. Il n'y a pas jusqu'à leurs sous-officiers, qu'ils sont toujours à vanter comme nécessaires à la formation d'un corps, comme méritant de l'avancement. Il faut bien endurer tout cela maintenant ; mais un jour viendra, je l'espère, où on nous débarrassera de ces hommes dangereux, qui nous voient toujours d'un œil d'envie. — Monsieur, ce n'est pas ainsi qu'en a jugé votre sage souverain. Plus indulgent que vous, il ne proscrit personne. Il a su amalgamer ensemble les élémens qui paraissaient les plus opposés, et c'est cette heureuse fusion qui doit amener de si importans résultats pour le bien public. — Oh ! monsieur, vos fusions, vos amalgames, c'est justement ce qu'il est impossible d'opérer, et c'est la manie de le tenter qui nous perdra. — Ce que vous regardez comme impossible est déjà fait ; car enfin vos régimens sont organisés. J'en ai vu qui m'ont paru fort beaux, et je suis sûr que le Roi peut compter fermement sur eux. — Oui, sans doute, jusqu'à un certain point ; car nous sommes là nous autres, et il ne faudrait pas... — Eh ! monsieur, vous comme les autres, vous feriez votre devoir. Écoutez, on ne peut bien juger des choses dont on ne voit que le dehors. Je désirerais voir un peu vos camarades dans leur intérieur. — Qu'entendez-vous par mes camarades? — Les officiers de votre corps. — Il n'y en a que deux ou trois parmi eux qui puissent être mes camarades. — Ils le deviendront tous peut-être. — Jamais. — Soit. Mais ne pourriez-vous pas me mener parmi eux, à leur pension, par exemple? — Comme je ne vis pas à leur pension, cela n'est pas possible; mais il y a demain un repas de corps.... — Eh bien! demandez-leur la permission de m'y présenter. — Je n'ai pas de permission à leur demander pour cela. Je vous y présenterai. C'est beaucoup que vous leur fassiez l'honneur d'y assister. Je voudrais bien, moi, pouvoir m'en dispenser; mais cela n'est pas possible. — Il me semble qu'une telle réunion ne doit rien avoir que d'agréable pour vous? — Oui, si elle était composée comme elle devrait l'être. — Bon Dieu! faut-il toujours s'en tenir..... — Monsieur le chevalier a raison, s'écria l'abbé, qui voulait ramener sur lui l'attention; un homme bien né, qui pense bien, ne peut se trouver volontiers avec ces soldats parvenus, qui ne savent que parler de leurs féroces exploits, et dont, par-dessus tout cela, la fidélité est très-équivoque.

L'abbé prononça ces mots très-haut. Aussitôt un individu, que j'appris être un ex-député, les paraphrasa longuement, et finit par dire que, si on les avait laissés faire, la composition de l'armée n'eût pas offert un pareil scandale.

On annonça que le dîner était servi. Je me trouvai placé, à table, entre la baronne et encore ce maudit abbé. La conversation s'anima par degrés. On parla du malheur du temps, encore aggravé par la mauvaise récolte. Un convive parla d'une émeute qui avait eu lieu dans une ville de province. Parbleu, dit un gros homme, comment voulez-vous que cela soit autrement? On a réveillé l'audace de la canaille; on veut qu'elle compte pour quelque chose dans le gouvernement; elle en fera bien d'autres si on n'y met ordre. — Pour moi, s'écria le chevalier, je voudrais bien me trouver avec mon bataillon dans une occasion pareille; comme je vous ferais justice de cette canaille! — Ah! monsieur, lui dis-je, pouvez-vous former un pareil vœu? Est-ce contre vos concitoyens que vous devez désirer de vous signaler? est-ce le sang français qui doit rougir votre épée pour la première fois? Souhaitez plutôt que la misère du peuple cesse; car soyez sûr que ce n'est que le sentiment de ses maux qui peut le faire sortir de la soumission à laquelle il est accoutumé. — Oh! monsieur, c'est avec cette indulgence pour la canaille...—Mais dites-moi donc ce que vous entendez par la canaille! — J'entends cette classe sans considération, sans fortune, sans naissance.... — Ah! sans naissance! permettez-moi de vous dire, en ce cas, que vous rangez dans la canaille une classe de citoyens bien nombreuse, bien utile à l'état, bien éclairée, à qui vous inspirez le désir de se venger du mépris que vous en faites, et qui se donne sans doute la consolation de rendre cette dénomination outrageante à ceux qui l'en gratifient. — On voit, monsieur, que vous n'êtes pas au fait de notre situation. — Je m'y mets à chaque instant, monsieur. — Bah! s'écria un individu en costume d'officier général, qu'avons-nous à craindre de cette canaille que vous paraissez tant redouter? N'avons-nous pas les alliés pour la mettre à la raison, si elle osait bouger? — Voilà justement, dit la baronne, ce qui doit nous faire déplorer à jamais l'aveuglement et la maladresse du gouvernement. C'est pendant qu'on pouvait disposer de cette force imposante, qu'il fallait tout de suite remettre les choses sur le pied où on voulait les avoir. C'était le moment d'arracher nos biens à leurs indignes possesseurs, de nous rendre cette prépondérance dans l'état, qui ne serait que le prix de notre fidélité et de nos sacrifices, de rétablir enfin le clergé dans ses possessions et son autorité. C'était là ce qu'un gouvernement sage aurait fait. Il avait la force en main, personne n'eût remué. Maintenant on serait déjà accoutumé à ces changemens, et la chose marcherait d'elle-même; mais on a eu peur. On a parlé de l'opinion : comme si l'opinion du peuple faisait quelque chose, comme si on n'eût pas dû accoutumer ce peuple à n'en plus avoir ! On a parlé de la nation, comme si la nation ne résidait pas dans le souverain, et dans la noblesse qui l'approche de plus près ! Enfin, on s'est comporté de manière que la présence des alliés ne nous a procuré aucun des bienfaits qu'on devait en attendre, et qu'il ne nous en reste que les charges énormes qu'elle entraîne.

Un cri général d'admiration s'éleva quand la baronne cessa de parler. Oui, s'écria un individu décoré d'un cordon noir, madame la baronne a expliqué d'un seul mot toutes les fautes du gouvernement ; il n'a point profité de ses avantages. Voilà ce que la postérité la plus reculée lui reprochera ! Mais au nombre des importantes améliorations qu'on pouvait faire, n'oublions pas qu'on devait commencer par mettre un frein à cette manie de s'instruire, qui avait gagné toutes les classes. Bientôt les gens de qualité n'auraient plus trouvé personne pour leur servir de laquais. Tout le monde voulait parvenir. Ces gredins-là, mécontens de leur obscurité, s'étaient persuadés qu'avec du courage et des talens on pouvait devenir général, qu'avec du savoir et de l'éloquence on pouvait devenir président, conseiller d'état : que sais-je ? A quoi n'aspiraient-ils pas ! Heureusement on a commencé à les faire rentrer dans le néant; mais ce n'est point encore assez. Il n'y a pas un grimaud qui ne se donne les airs de raisonner; et en vérité, si on voulait leur répondre, on serait quelquefois embarrassé. Tout cela vous parle d'indépendance, d'égalité, de liberté. Il est temps de mettre ordre à cet abus. Un peuple est toujours trop éclairé. C'est des lycées qu'est sortie cette jeunesse turbulente qui a fait tant de mal à la France, et qui témoigne encore si peu de respect pour nous. Non, non, point de salut, point de repos, tant que l'éducation, entièrement confiée aux ecclésiastiques, n'aura point reçu de sages limites qui forcent les jeunes gens à se circonscrire dans la sphère pour laquelle ils sont nés.

Ce discours obtint les mêmes applaudissemens que le précédent. Pour moi, j'étais stupéfait de tout ce que j'entendais, et je dis à celui qui finissait de parler : Au moins, messieurs, les alliés ne vous auraient pas secondés dans cette réforme; car, loin de vouloir étouffer le développement des lumières, ils profitent de tout ce qu'ils ont vu chez vous, pour enrichir leur pays par des établissemens utiles au progrès des sciences et de l'instruction publique. Il me semble que vousnuiriez à votre gloire nationale, si, après avoir long-temps servi de modèles, vous vouliez rétrograder, lorsque tous les autres peuples font leurs efforts pour parvenir au but que vous avez atteint long-temps avant eux. — Gloire nationale! qu'est-ce que cela signifie? dirent d'un air mécontent plusieurs convives. Enfin un d'eux me répondit : Monsieur, ce qui peut convenir aux alliés ne nous convient pas à nous. Ils n'ont pas, comme nous, la terrible leçon de l'expérience. — A propos des alliés, dit un autre, il faut convenir qu'ils nous font bien payer les services qu'ils nous ont rendus! — Oui, mais on a encore l'indignité de faire peser ces charges-là sur nous comme sur les autres, nous fidèles serviteurs, nous soutiens de la bonne cause! C'est sur ce peuple qui a causé leur retour, qu'il fallait tout rejeter; c'est pour lui qu'on est obligé de les conserver, si on pouvait compter sur sa tranquillité... — Ah! monsieur, m'écriai-je, ne faites point cette injure à vos concitoyens. C'est le sentiment de leur devoir, c'est leur amour pour votre bon Roi qui les maintient dans l'ordre et dans la soumission : ce n'est point la présence de ces cent cinquante mille étrangers. L'indignation, l'humiliation qu'ils éprouvent de les voir chez eux, serait propre au contraire à les faire sortir de leur état de tranquillité, s'ils ne réfléchissaient que cette armée étrangère est une charge imposée au Roi lui-même, comme à la nation, et que ce prince n'est pas le dernier à sentir toute l'amertume attachée à de pareilles conditions. Je ne revenais pas de ma surprise, en voyant que moi, étranger au milieu de Français, j'étais le seul qui pensât, qui parlât avantageusement de la nation. Quoi qu'il en soit, monsieur, me répondit le même homme, nous les gardons et nous les payons, et il est probable qu'on ne voit pas tout en beau comme vous. Le gouvernement prend des précautions pour se garantir de la trahison et de la perfidie. Il va arriver à Paris des régimens suisses. — Pouvez-vous, monsieur, les voir arriver avec joie? — Pourquoi pas? cela fera un très-bon effet. — Dieu veuille que vous ne vous trompiez pas! — Quelle raison avez-vous de craindre le contraire? — Croyez-vous que cette garde royale si belle, si dévouée, si fidèle, que cette troupe éminemment nationale voie avec plaisir associer à ses nobles fonctions des étrangers qu'on a été acheter? La France manque-t-elle donc de bons citoyens, de soldats courageux et fidèles, pour qu'on soit obligé de confier la défense du prince à des bras mercenaires? N'avez-vous point un grand nombre de bons officiers qui végètent dans l'inaction et dans l'oubli? Faut-il en faire venir à grands frais, qui sont étrangers au pays qu'ils vont servir? Ils ne s'attacheront point à un sol qui ne les a pas vus naître. Amenés en France par l'intérêt, ils n'éprouveront jamais ce noble enthousiasme, cet amour de la patrie, qui a fait des héros de vos soldats et de vos officiers. Croyez-moi, le spectacle de cette milice étrangère froissera l'amour-propre et la sensibilité des Français. Ils penseront avec douleur que, condamnés à payer et à nourrir cent cinquante mille étrangers, on en a augmenté volontairement le nombre, car jamais ils ne considéreront que comme des étrangers ces soldats appelés au milieu d'eux sans leur aveu. Ils se rappelleront malgré eux cette importante vérité, dont un souverain ne saurait trop se pénétrer, que tout salaire donné à un étranger est un larcin fait aux citoyens. — Mais, monsieur, dit la baronne, pourquoi toutes ces déclamations? n'y a-t-il pas eu de tout temps des Suisses au service de France? — Oui, madame, mais parce que cela a été, ce n'est pas une raison pour que cela puisse être encore. — Allons, dit un autre, toutes ces discussions sont inutiles. Le gouvernement sait en cela ce qu'il fait; plût à Dieu qu'il ne donnât lieu qu'à de pareils reproches! Espérons, au reste, que tout ira bien. Le roi a affaire à trop forte partie, pour ne point être forcé de rentrer dans la bonne route. Je vais porter un toast: Au retour des idées saines et conservatrices, au rétablissement de la morale et de la religion, au triomphe de la noblesse et du clergé dans la lutte qu'ils soutiennent!

Ce toast fut reçu avec acclamation. Je vis que les convives, qui avaient presque tous demeuré en Angleterre, en avaient conservé les habitudes. Ils portèrent successivement des toasts qui furent tous aussi impertinens que le premier. Je me levai aussi à mon tour, et je dis : A l'union de tous les partis, à l'oubli du passé, à l'accomplissement du plus cher souhait du Roi, au bonheur du peuple français! Je fus tout surpris de voir que tout le monde se regardait sans parler, et que personne ne répondit à mon toast. Je me rassis vraiment déconcerté et embarrassé de ma personne. L'abbé me dit alors: On voit bien, monsieur, que vous êtes étranger. Il n'y a que cela qui puisse faire excuser la méprise...— Quelle méprise ai-je donc commise, lui dis-je avec humeur; les sentimens que j'ai exprimés sont-ils condamnables? — Considérez donc de quelle classe d'hommes vous vous rapprochez avec un pareil langage... La maîtresse de la maison s'étant levée de table en ce moment, me rendit un grand service, en me débarrassant de la conversation de cet insipide personnage.

Quelques instans après, m'étant approché de la marquise, elle me dit : On voit bien que vous venez de l'Allemagne. Vous avez un vernis de philosophie qui tient à l'esprit de votre pays, et que vous perdrez avec nous. Nos messieurs étaient d'abord un peu formalisés, mais j'ai pris votre parti ; j'ai représenté que vous êtes étranger, et j'ai répondu de vos bons sentimens; oubliez donc ce qui vous est arrivé tantôt, ou plutôt souvenez-vous-en pour éviter à l'avenir ces petites inadvertances. Ces messieurs, sur ce que je leur ai dit de vous, sont très-bien disposés en votre faveur.

Que dire à cette femme? Ce n'était pas le moment de vouloir lui prouver que j'avais raison. Je la remerciai et je m'éloignai. Comme la conversation reprenait le même ton que pendant le dîner, je ne voulus plus m'en mêler. Je craignais de formaliser encore ces messieurs, et je pris le parti de me retirer. Je m'approchai du neveu, qui, pendant toutes nos discussions du dîner, m'avait regardé avec un mélange de surprise et de pitié, qui annonçait clairement qu'il me prenait pour un imbécile. Il conservait encore un peu de cet air quand je l'abordai. Je lui rappelai la promesse qu'il m'avait faite pour le lendemain. Nous nous donnâmes rendez-vous chez sa tante, et je me retirai.

CHAPITRE IV.

LE REPAS DE CORPS.

Je me rendis le lendemain chez la marquise. Son neveu y était déjà. Je suis bien aise, me dit la marquise, que mon neveu vous mette à même de connaître les officiers de son régiment. Étranger comme vous l'êtes, il est important que vous soyez prémuni contre les éloges que nos ennemis font sans cesse de ce qui a appartenu à l'armée de Buonaparte. On se plaît toujours à exciter la compassion sur le sort de ces hommes qui ont, dit-on, porté si loin la gloire de la France. Quand vous les aurez vus de près, vous apprécierez à leur juste valeur ces fastueuses déclamations. Vous verrez des hommes sans éducation, sans moyens, sans naissance, qui regrettent le temps où ils se gorgeaient de pillage et de rapines, et qui sont très-disposés à le faire renaître.—Vous-même, madame, vous les avez donc vus? — Que le ciel m'en préserve! Il m'est facile de me figurer ce qu'ils doivent être, d'après le portrait fidèle qu'on m'en a fait. — Ce portrait est moins fidèle peut-être que vous ne croyez.—Monsieur le comte, me dit un homme décoré de la croix de Saint-Louis, il ne faut que se reporter à tout ce qu'ils ont fait, à ces horribles conquêtes qui ont désolé les trois quarts de l'Europe. — Monsieur, pour bien les juger, il faudrait avoir vu une de ces guerres d'invasion, où une armée immense inondait tout à coup un malheureux pays. Il faudrait voir si alors les désordres que vous leur reprochez n'étaient point inévitables. — Que me dites-vous, monsieur! nous avons fait aussi des guerres d'invasion, et elles n'ont point été accompagnées de tous ces excès. — Monsieur, je n'ai jamais entendu parler... — Comment, monsieur, est-ce qu'en 1794 nous n'avons point poussé des partis sur la rive gauche du Rhin ? Est-ce que ces partis ne se sont point avancés jusque dans les environs de Strasbourg? J'espère que c'était bien là une véritable guerre d'invasion. Il n'y avait rien à répondre à cet homme. Pour ne point lui rire au nez, je laissai tomber la conversation.

Je sortis avec le chevalier. Nous nous rendîmes au Cadran-Bleu, boulevart du Temple. Tous les officiers étaient déjà réunis. Mon introducteur, au lieu de me présenter comme je m'y attendais, salua légèrement et dit à voix basse : Voilà M. le comte que j'amène. Tout le monde me regarda avec surprise. On paraissait avoir peu de considération pour le chevalier ; et je m'aperçus que je partageais la défaveur dont il était l'objet. Je sentis la nécessité de réparer sa sottise, et me trouvant devant un chef de bataillon déjà âgé, qui me parut être le président de la fête, je parlai ainsi : Messieurs, je suis étranger et je viens d'arriver à Paris ; j'ai toujours eu pour la nation française l'estime et l'admiration qu'elle mérite. En venant en France, mon plus grand désir était d'assister à une réunion de ces braves guerriers dont toute l'Europe a parlé. M. le chevalier, dont j'ai l'honneur de connaître la tante, a bien voulu m'en fournir l'occasion. Je vous demande, messieurs, la permission de me joindre à votre réunion. Veuillez ne point voir en moi un étranger, mais un homme qui est Français par le cœur. Ne considérez pas ma démarche comme le résultat d'une indiscrète curiosité, mais bien du désir de faire connaissance avec des hommes que j'estimais déjà avant de les connaître.

Tous les officiers m'entourèrent et m'assurèrent, avec beaucoup de politesse, que, loin de les importuner, ils se trouvaient flattés et honorés de ma visite. Je liai bientôt conversation avec un capitaine, jeune encore, décoré de la croix de la Légion d'honneur. Il s'expriprimait avec beaucoup de facilité et d'élégance, et je pensai à part moi que ce n'était point là un de ces hommes sans éducation dont la marquise m'avait parlé.

On se mit à table. Je fus placé entre le capitaine et un jeune officier. Une gaieté décente animait le repas. La conversation entre le capitaine Bernard (c'était son nom) et moi devenait à chaque instant plus intime. Vous voyez, me dit-il, l'union qui règne entre nous, il n'y en a que trois ou quatre qui se croient obligés de faire bande à part. Ces jeunes gens, qui n'ont jamais servi, ont de la peine à nous pardonner la considération qu'on nous accorde, et qu'on leur refuse. Il ne tiendrait qu'à eux de vivre avec nous en camarades ; mais n'ayant aucune idée de la vie militaire, ils ne peuvent s'accoutumer à cette familiarité franche qui s'établit entre des gens qui partagent tous les jours les mêmes peines et les mêmes dangers. Ils ne se dissimulent pas que, n'ayant point mérité les grades qu'ils occupent, ils ne rachètent cet inconvénient par aucune des qualités qui pourraient le faire oublier. A défaut d'instruction, ils devraient montrer le désir de s'instruire ; à défaut d'expérience, de la bonne volonté ; à défaut de services, de la bienveillance pour ceux qui ont servi : mais, aveuglés par leurs parens, ils croient que la naissance leur tient lieu de tout, et ils ne s'aperçoivent pas que cet avantage si grand, selon eux, ne les sauve pas du mépris qui s'attache à la morgue et à l'ineptie.

Je dois vous dire, avec la franchise d'un militaire, que votre introducteur, le chevalier de **, est à la tête de ce petit parti. Il faut moins s'en prendre à lui qu'à sa mauvaise éducation, et à ce qu'il entend tous les jours chez sa tante. Au reste, l'habitude du monde et le commerce des hommes rendent indulgent pour toutes ces petitesses, si importantes aux yeux de ceux qui n'ont jamais rien vu. Peu nous importe que ces messieurs nous voient intérieurement avec un mépris que nous leur rendons bien, pourvu qu'ils aient la prudence de n'en rien témoigner en face, et qu'ils ne s'écartent jamais de la politesse et des égards que des officiers se doivent entre eux. Je dois ajouter cependant que nous avons au régiment d'autres jeunes gens, nobles comme eux, qui n'ont jamais servi, et qui ne partagent pas les ridicules de M. le chevalier et de ses adhérens. Ils ont envie d'apprendre leur métier, et ne se croient point supérieurs à nous, parce qu'ils n'ont jamais rien fait. Ils n'éprouvent point un lâche sentiment d'envie lorsqu'on parle de nous avantageusement. Ils savent d'ailleurs que beaucoup d'officiers appartenant aux premières familles de France ont servi dans nos rangs; que, loin de rougir de ces services, ils les regardent comme leurs plus beaux titres de gloire.

Nous avons eu un moment bien difficile à passer ; je ne le rappelle que pour mieux faire sentir la sagesse du prince, qui, par un coup d'autorité, a rendu la tranquillité à son peuple et l'espérance aux bons citoyens. Jamais notre patience et notre résignation ne furent mises à une plus cruelle épreuve ! A cette époque, notre gloire était traitée de crime, nos exploits de brigandages. Le faux zèle, investi de l'autorité, ne connaissait plus de frein. Dans sa ridicule frénésie, il voulait anéantir jusqu'à nos souvenirs, comme si vingt-cinq années de triomphes pouvaient s'effacer d'un trait de plume. Cette exaspération avait gagné jusqu'aux représentans de la nation ; nous marchions vers une subversion totale, et tout ce que la France possède de citoyens honnêtes et éclairés, attendait en tremblant la catastrophe qui devait mettre fin à cet épouvantable délire. Insensés ! qui croyaient qu'on soumet un peuple en l'opprimant; qu'on s'en rend maître en le blessant dans ce qu'il a de plus cher, dans sa gloire nationale ; qui s'imaginaient qu'une grande nation allait supporter des prétentions extravagantes, et renoncer à des droits acquis par tant de sang, tant de travaux, tant de sacrifices !

Étrange contraste ! c'était dans ce même moment qu'un grand souverain se conciliait, par une sage modération, un peuple fier et courageux, qui fut long-temps notre allié et le compagnon de nos triomphes. L'empereur Alexandre autorisait l'armée polonaise à ériger un tombeau à son dernier général, à ce guerrier dont le nom rappelle tous les genres d'héroïsme, à Poniatowsky. Il voyait avec plaisir cet hommage rendu à un héros mort en combattant contre lui, par ses compatriotes et par ses compagnons d'armes, et il n'en estimait que davantage une nation dont la reconnaissance consacrait un monument à la mémoire d'un prince qui honora sa carrière par tout ce que l'amour de la patrie et de la gloire peut produire de sublime. Noble et touchant exemple d'une générosité qui a fait battre plus d'un cœur français, qui a fait verser plus d'une larme à ceux qui avaient vu Poniatowsky partager nos dangers, nos succès et nos revers ! C'est en marchant avec une nation, c'est en se réglant sur elle, qu'on se l'attache; ce n'est point en voulant plier des esprits fiers et indépendans aux opinions absurdes, aux vues rétrécies d'une classe d'hommes sans énergie et sans lumières.

J'ai rempli une tâche pénible en vous parlant de nos dernières erreurs, il m'en reste une bien douce : je ne dois plus vous entretenir que de la sagesse d'un prince qui a fait triompher la modération et la raison. Il fut le premier à s'apercevoir des dangers qui menaçaient la France. Un ministère courageux lui en fit voir toute l'étendue, et un acte solennel annonça au peuple français que son Roi n'avait point oublié ses promesses et ses devoirs. Tout ce qu'il y a de plus distingué dans la noblesse, tous ceux qui par des vertus, des talens, et une carrière honorable, soutiennent l'illustration de leur naissance, ont rendu justice à la sagesse du Roi, et ont loué sa conduite. Tous ceux qui déshonorent leur noblesse par un caractère sans élévation, par des prétentions que rien ne justifie, ou par un égoïsme révoltant, se sont déchaînés contre le souverain et les ministres avec le plus scandaleux acharnement.

Pour nous, qui sommes appelés à l'honneur de le servir, nous justifierons le choix qu'il a fait de nous. Plus heureux que nos camarades, qui n'ont pu être compris dans la nouvelle organisation, nous ne les regardons pas moins comme nos amis et nos frères d'armes, et nous espérons les voir successivement rappelés au service, à moins que le Roi n'ait besoin d'eux tous à la fois. Nous sommes tous dévoués de cœur et d'âme à notre bon Roi, quoique quelques gens aient l'air d'en douter. Mais un militaire ne s'épuise point en protestations de zèle et de fidélité. Notre caractère répugne à ces démonstrations pompeuses dont tout le monde peut se donner le mérite, et dont la sincérité peut toujours être suspecte. C'est au jour du danger, c'est quand le Roi aura besoin de nous, qu'il connaîtra notre dévouement ; c'est quand il faudra mourir pour lui, que nous réclamerons le poste d'honneur. Alors nous ne resterons point en arrière de ceux qui l'emportent aujourd'hui sur nous en beaux discours et en démonstrations extérieures.

J'éprouvais pour le capitaine Bernard une véritable estime, à laquelle se mêlait une sorte d'admiration pour ses sentimens nobles et élevés. Je lui témoignai tout le plaisir que j'avais à l'entendre, et combien je m'applaudissais d'avoir fait sa connaissance. Quand on fut au dessert, Bernard chanta des couplets de sa composition, qui me parurent pleins d'esprit. L'éloge du Roi y était amené de la manière la plus délicate. Ils obtinrent des applaudissemens mérités.

A la fin du repas, plusieurs sous-officiers entrèrent. Ils apportaient à leurs officiers un ordre que le colonel venait de donner pour une revue, qui devait avoir lieu le lendemain. Ils se présentèrent d'une manière aisée, et parlèrent à leurs officiers dans une attitude respectueuse. C'est bon, mes amis, retirez-vous, dit le chevalier quand ils eurent fini de parler. — Un instant, mes camarades! dit Bernard; et déjà l'ordre avait été donné d'apporter des verres. Chaque officier s'empressa de verser aux sous-officiers. Tous les verres furent remplis en un moment. A la santé du Roi! dit le vieux chef de bataillon. Les sous-officiers, sans perdre leur contenance respectueuse, trinquèrent avec leurs officiers. Ils se retirèrent ensuite. Ces braves gens, me dit Bernard, ont droit à notre estime et à nos égards. Vous seriez surpris de voir quelle élévation de sentimens, quelle résignation, quelle patience, quel désintéressement on rencontre souvent dans ces militaires, qui honorent leur obscur et pénible emploi.

Tout ce que disait Bernard augmentait la bonne opinion que j'avais de lui, et le désir que j'avais de cultiver sa connaissance. Il m'en fournit l'occasion au moment où nous quittions la table, en me disant avec un ton de franchise qui accompagnait tous ses discours : Quoique je ne vous connaisse que depuis un moment, je vois percer dans tout ce que vous dites beaucoup d'attachement pour la nation française et d'admiration pour le Roi. A ces deux titres, nous devons être amis. Je n'ai pu vous faire, comme je l'aurais désiré, le tableau de notre position; mais un de nos amis, député de mon département, déjeune demain avec moi. C'est un homme de mérite, et, mieux que cela, un bon citoyen : vous aurez du plaisir à l'entendre, et vous êtes, je crois, digne de l'apprécier. Acceptez, sans façon, un déjeuner que je vous offre de même, et augmentez, par votre présence, le plaisir que je me promets de la société de mon ami.

Je témoignai à Bernard combien j'étais sensible à sa prévenance. Je crus ne pouvoir mieux y répondre qu'en acceptant ce qu'il m'offrait avec une si franche cordialité. Nous nous séparâmes ensuite, et je me retirai beaucoup plus satisfait que je ne l'avais été du dîner de la veille.

CHAPITRE V.

LE DÉPUTÉ.

Je me rendis chez Bernard le lendemain, a onze heures. Son ami y était déjà. C'était un homme de trente-six à quarante ans, d'un physique très-avantageux. Bernard lui avait déjà parlé de moi, et il m'accueillit fort bien. M. Murville me fit beaucoup de questions sur l'Allemagne, qui annonçaient qu'il avait étudié la géographie et les mœurs de ce pays. Enfin, me dit-il, toute l'Allemagne a profité des leçons de l'expérience. Tous les états qui la composent, demandent à leurs souverains une constitution qui garantisse les droits de la nation contre les abus de l'autorité souveraine. Cette voix des peuples se fait entendre d'un bout de l'Europe à l'autre, et la France, qui les a devancés de si loin, qui a semblé un moment revenir sur ses pas, voit son prince consacrer d'une manière solennelle ces immortels principes du salut et de la gloire des nations.—Mais, monsieur, ces principes ont-ils l'approbation de la majorité des Français? — N'en doutez pas. Un peuple, et j'oserai le dire, tel que le peuple français, ne peut prendre le change sur ses véritables intérêts. Quoi qu'on ait fait pour les lui faire méconnaître, on n'a point réussi, et il a bien vu que ceux qui voulaient le tromper, voilaient leurs prétentions personnelles et les calculs de leur intérêt particulier, du nom de zèle pour le bien public. Il n'est point de moyens que ce parti n'ait employés pour attaquer la conduite du Roi, en ayant l'air de ne s'en prendre qu'à ses ministres. Aussitôt que le gouvernement a cessé de suivre une marche qui flattait leurs désirs, leurs prétentions et leurs espérances, ces gens si zélés d'abord ont changé de langage. Ils se sont déchaînés contre lui avec un acharnement sans exemple, qui a dévoilé, dans toute leur difformité, les sentimens honteux, les motifs condamnables qui les avaient conduits jusqu'à ce jour, et sur lesquels bien du monde avait été abusé. Un écrivain célèbre employa son talent à justifier les clameurs de ce parti, et, trompé lui-même, ou voulant tromper les autres, il prétendit prouver que la majorité de la nation partageait ses opinions exagérées. Une disgrâce éclatante donna de la célébrité à cet ouvrage, qui sans cela ne fût pas sorti des cercles pour lesquels il avait été écrit. Cette disgrâce flatta la vanité de celui qui en était l'objet, et augmenta, aux yeux de ses partisans, le mérite d'un écrit qui leur paraissait un chef-d'œuvre de raison et de politique, et qui, auprès des bons esprits, ne pouvait que nuire à la réputation de son auteur. Des écrivains d'un ordre inférieur se traînèrent sur les traces de leur modèle, et les raisonnemens les plus spécieux furent employés pour défendre cette cause; déjà jugée, déjà perdue au tribunal de l'opinion.

Un des moyens qui réussissent le mieux, dont on tire le plus de parti auquel les apparences donnent le plus de force, est celui que je vais vous exposer, et qui, je l'avoue, a pu séduire quelques amis de la paix et de l'ordre. On dit : l'année dernière, tous les partis gardaient le silence, on commençait même à pouvoir douter de leur existence, et la paix allait renaître à la suite de cette sage sévérité qui avait comprimé toute espèce d'opposition au gouvernement, qui avait déçu toutes les espérances coupables. Cet état de choses a paru trop satisfaisant, et on a voulu le faire cesser. L'ordonnance du 5 septembre a été une étincelle qui a produit l'embrasement général qui s'étend aujourd'hui sur toute la France. Toutes les haines se sont réveillées, tous les artisans de troubles sont sortis de leur salutaire apathie, les partis se sont relevés plus menaçans, plus redoutables que jamais. Ils sont aujourd'hui en présence. Voilà ce que le ministère a fait, voilà le résultat de cette mesure qu'on annonce comme si utile au bien public.

Ce rapprochement, présenté avec adresse et fortifié par le spectacle de cette fermentation qui a agité toutes les têtes au moment des élections, par cette impulsion générale qui a tourné tous les esprits vers les affaires publiques; ce rapprochement, dis-je, a pu séduire quelques personnes de bonne foi, qui, peu accoutumées à observer, en ont cru des apparences si spécieusement interprétées, et n'ont plus vu dans ce qu'elles approuvaient d'abord qu'une source de discorde et de troubles. Mais c'est aux hommes bien intentionnés et vraiment zélés pour le bien de leur pays, à faire apercevoir la mauvaise foi cachée sous ce raisonnement.

L'année dernière, un parti, le plus faible de tous, si l'on considère le nombre et la popularité, se trouvait le plus fort, parce qu'il avait entre ses mains l'action du gouvernement et tous les moyens dont il peut disposer pour faire exécuter ses volontés. Ce parti, incapable de modération dans son triomphe, suppléait à la force qui lui manquait, par l'ascendant qu'il avait pris sur la représentation de la nation, et par l'autorité dont l'investissaient des lois qu'il avait dictées lui-même. Ne pouvant acquérir une puissance réelle, puisqu'il manquait de considération, de force inhérente en lui-même, et surtout de popularité, il suppléait à tout cela par la terreur qu'inspiraient ses mesures violentes et arbitraires. Personne n'était plus à l'abri de ses persécutions. En déclamant contre la révolution, il avait rétabli la plus odieuse des lois qu'elle traîna à sa suite. Dès lors, la liberté de tout citoyen était à la merci du premier scélérat qui voulait le dénoncer. La démarche la plus innocente pouvait être interprétée comme un crime, et avant qu'on eût jugé si les soupçons dont vous étiez l'objet étaient fondés, votre châtiment commençait.

C'est ainsi que le parti dominant s'était assuré un triomphe momentané, sans réfléchir qu'en abusant de la victoire il se préparait une destruction entière et inévitable. Mais, semblable à ceux qui veulent nous égarer aujourd'hui, il ne jugeait que sur les apparences, et parce que la crainte avait fermé toutes les bouches, il se figurait qu'il commandait à l'opinion même, et que la nation, semblable à un vil troupeau d'esclaves, se façonnait au joug qu'il lui avait imposé. Alors certes aucun parti n'osait se montrer; mais ces partis, d'abord divisés entre eux, étaient tous unis par la haine qu'ils portaient à leurs oppresseurs. L'indignation, qui se renfermait, n'en était que plus vive; le désir de la vengeance, qui ne se manifestait pas par des menaces, n'en couvait que plus terrible au fond des cœurs.

La présomption qui aveuglait les vainqueurs, leur avait fait négliger tous les ménagemens que des hommes plus adroits eussent employés. Ainsi, ils annonçaient leurs arrogantes prétentions et le désir de rentrer dans leurs biens, sans craindre d'alarmer les intérêts d'une classe immense de citoyens, bien plus puissante qu'eux. Ils témoignaient leur mépris et leur haine pour tout ce qui s'était fait depuis la révolution, sans craindre de blesser ce sentiment de gloire nationale que rien ne peut éteindre chez un grand peuple. Aveuglés sur les dangers qu'ils couraient, ils attendaient, dans une stupide sécurité, l'explosion terrible qui se préparait. Toutes les passions, tous les ressentimens, long-temps enchaînés, n'attendaient qu'une occasion de se manifester et de briser les barrières trop faibles qui les avaient contenus jusqu'à ce jour. Je comparerai la situation du parti dominant à cette époque, avec celle de la France dans les derniers momens de sa puissance, lorsque sa domination, établie par ses conquêtes, s'étendait sur une multitude d'états qui la servaient sans l'aimer. Elle s'était minée au dedans pour s'assurer cet empire, que la terreur de ses armes maintenait encore; mais déjà ses bras affaiblis embrassaient à peine cette étendue de conquêtes hors de proportion avec sa population et ses ressources; les princes qu'elle avait vaincus s'indignaient de son orgueil et de leur asservissement; et, à la première éclipse de sa prospérité, tous ces peuples, qu'elle avait crus soumis, l'accablèrent de leurs efforts réunis. Ainsi, une catastrophe inévitable se préparait dans le silence; mais comme, dans ces grandes secousses, on ne s'arrête jamais dans de justes bornes, ceux qui l'auraient amenée n'en eussent point été les seules victimes, et la ruine de la France en eût peut-être été le résultat. Voilà quelle était notre position l'année dernière; voilà ce que quelques gens veulent bien appeler l'extinction des partis, l'affermissement du gouvernement, le retour de la tranquillité.

Tandis que les vainqueurs s'endormaient au

bord du précipice, la sagesse du Roi veillait. L'expérience lui démontrait qu'on ne détruit point les partis dans un état, en fournissant à l'un les moyens de persécuter les autres, et que, quand, par une suite du malheur des circonstances, ces partis existent, ce n'est qu'en les contre-balançant entre eux, qu'en les maintenant dans un parfait équilibre, qu'on les accoutumera à ne pas se craindre et se haïr. Rassurés par un gouvernement qui les voit tous du même œil, qui tient entre eux la balance égale, ils croiront n'avoir plus rien à redouter les uns des autres; ils perdront cette attitude hostile qu'ils ont reprise ; ils cesseront de se voir avec méfiance et avec envie ; ils se rapprocheront insensiblement, et le temps, qui amène l'oubli du passé, éteindra ces haines, toujours si fatales au repos d'un état. C'est ce que le roi a senti, c'est ce qu'il a commencé à exécuter ; et les apparences, qui semblent déposer contre l'efficacité de ses mesures, sont, au contraire, ce qui doit en faire espérer le succès.

Lorsque la majorité de la nation, si long-temps comprimée, vit enfin que le Roi voulait régner pour elle, et prétendait qu'elle choisît des représentans, vrais interprètes de ses sentimens, vrais défenseurs de ses intérêts, elle manifesta avec ardeur l'envie d'user de ses droits trop long-temps éludés. Le parti contraire, furieux de voir sa puissance renversée et ses espérances détruites, employa ses dernières ressources pour conserver une influence qui lui échappait. C'est ce qui a produit un choc violent dans les élections, c'est ce qui a fait crier qu'on avait réveillé les partis. Mais la majorité de la nation, sortie de l'oppression où elle gémissait, certaine d'être écoutée, certaine que ses intérêts étaient maintenant défendus, a osé manifester ses sentimens. Ces sentimens ont été un amour vrai et sincère du Roi et de sa dynastie; mais une haine irréconciliable contre toute usurpation de ses droits, contre le retour de tout privilége contraire à sa dignité et à ses intérêts, contre tout acte public qui blesserait sa liberté, sa constitution, et surtout sa gloire. Un peuple qui ose parler, qui ose dire ce qu'il pense, n'est point à craindre. Ses discours, quelque hardis qu'ils soient, sont bien moins dangereux que le silence morne et farouche que lui impose la terreur. C'est là ce qui constitue la différence entre notre position actuelle, et celle de l'année dernière. On prétend que les partis sont réveillés, parce que maintenant on les voit, on les entend tous ; et c'est justement pour cela qu'ils doivent inspirer moins de crainte. Les gens qui marchent à découvert sont moins à redouter que ceux qui agissent dans l'obscurité. Celui qui manifeste ses pensées, médite rarement des attentats ; mais l'homme qui est forcé de les renfermer en lui-même, tourne bientôt toutes les facultés de son âme vers les sujets sur lesquels il ne lui est point permis d'avoir une opinion. Cette âme, ulcérée par la violence, ne médite plus que des projets de vengeance ; c'est un volcan dont le travail souterrain finit par une horrible éruption. Cette classe immense d'hommes éclairés, d'hommes à idées libérales, que des enragés flétrissent des noms les plus odieux, voit qu'elle n'a plus rien à craindre du parti décrié qui veut la combattre. Confiante dans son immense majorité, fière du sentiment de sa force, elle sait que, tant que le gouvernement gardera une sage neutralité, elle l'emportera facilement sur ses faibles adversaires. Elle est donc intéressée à soutenir le souverain, qui lui accorde une équitable protection ; et d'ailleurs, comme, malgré toutes les déclamations, c'est dans cette classe qu'il faut chercher le véritable patriotisme, elle s'opposerait de toutes ses forces à tout attentat contre le gouvernement, sûre qu'il ne pourrait en résulter que des malheurs peut-être irréparables pour la France. Voilà notre situation actuelle, voilà ce réveil des partis qu'on veut faire croire plus dangereux que la fermentation sourde, qui annonçait l'année dernière l'approche d'un affreux orage.

Avec le règne de l'exagération ont cessé ces travers honteux qui nous avaient rendus l'objet de la pitié de l'Europe, non point de cette pitié qu'on accorde au malheur, mais de celle qu'excitent le ridicule et la folie. Cette manie de flétrir nos trophées, de détruire nos plus beaux titres de gloire, de couvrir de fange les plus belles pages de notre histoire, a passé avec la puissance de ceux dont elle faisait tout le mérite. Spectacle unique dans les annales du monde, que celui d'une grande nation qui semblait avoir chargé ses représentans de lui prodiguer les humiliations, et de déshonorer par les noms les plus odieux tout ce qu'elle avait fait de grand et d'honorable! Quel nom donner à l'aveuglement de ces hommes qui n'ont pas voulu voir que ce qu'il y avait de plus heureux dans leur position, était de recueillir cet héritage de gloire que leur laissait le gouvernement renversé, et de pouvoir associer des noms obscurcis et oubliés à vingt-cinq années de travaux impérissables! Aujourd'hui la raison, assise sur le trône, a fait justice de ces excès déshonorans, et, tout en gémissant sur les forfaits qu'a produits la révolution, forfaits qu'il serait criminel de prétendre justifier ou atténuer, on ose louer les changemens heureux qu'elle a opérés, et les faits immortels dont elle a enrichi nos annales. C'est ainsi que la France, sous le gouvernement d'un prince également juste et éclairé, reprendra son rang dans l'Europe, non point ce rang qu'elle devait à ses conquêtes, et que ses revers lui ont fait perdre, mais le rang que lui assignent ses lumières, ses progrès dans les sciences, le courage et l'industrie de ses citoyens, ses immenses ressources et ses travaux militaires, dont elle a perdu le résultat, mais dont le souvenir peut encore la consoler.

Murville cessa de parler. C'était une de ces âmes énergiques dont les sentimens se manifestent avec force, et qui s'enflamment d'un noble enthousiasme pour le bien public. Il me serait difficile de rendre le plaisir que j'avais à l'écouter, car tout ce qu'il disait justifiait mon estime pour une nation qui produit de tels hommes. J'éprouvai pour lui cette sorte d'amitié respectueuse qu'on ressent pour les personnes dont on reconnaît la supériorité. Je ne pouvais assez remercier le hasard, qui m'avait procuré une société si différente de celle où mes lettres de recommandation m'avaient conduit. Je racontai à Murville ce dont j'avais été témoin chez la marquise.

Vous auriez tort, me dit-il, de juger toute la noblesse d'après la coterie de cette dame. Il est beaucoup de ses membres les plus distingués qui méritent une honorable exception. Je regrette que monsieur votre oncle n'ait pas connu le duc de ***. — Le duc de ***, m'écriai-je, j'ai justement une lettre pour lui.—Je vous en félicite, me dit-il, et, dans le cas contraire, je vous aurais présenté chez lui. Je le vois souvent, et il m'honore d'une bienveillance particulière. Vous ne pourrez pas le voir en ce moment; mais il reviendra de la province dans peu de temps, et je tiens beaucoup à ce que vous ne quittiez point Paris sans avoir vu un homme qui honore cette noblesse, dont vous êtes peut-être disposé à prendre une opinion peu favorable d'après ce que vous avez vu chez la marquise. Je fis alors connaître à Murville le nom des autres personnes pour lesquelles j'avais des lettres; mais apprenant qu'elles étaient de la coterie de la marquise, je ne sentis pas grand empressement à faire leur connaissance, et je résolus d'attendre si ce que je verrais par la suite chez cette dame détruirait les préventions que j'avais contre elle, et contre tous ceux qui lui ressemblaient.

Pendant le déjeuner, Murville me dit qu'il était dans l'intention d'aller voir la revue qu'on devait passer du régiment de Bernard. J'ai servi quelques années, dit-il, et j'aime encore à voir ce qui me rappelle mon ancien métier. J'éprouve toujours un plaisir que je ne puis rendre en voyant des régimens français, quoique je sois fâché de les voir revêtus d'uniformes qu'on a été chercher chez les étrangers. Ces habits blancs me rappellent désagréablement les Autrichiens. Ces casques russes ou bavarois, ces schakos hongrois, ne me plaisent pas sur des fronts français. J'aimerais à voir encore à nos soldats ces mêmes uniformes, ces mêmes casques dont l'aspect a fait tant de fois fuir nos ennemis; en fait de goût et d'élégance, nous n'avions de modèle à prendre chez personne; mais c'est là un bien petit inconvénient. Quelque uniforme qu'ils portent, les soldats français ne se démentiront pas, et c'est quand il faudra défendre le Roi et la patrie, qu'ils prouveront qu'ils n'ont changé que de costume, que le cœur est toujours le même.

Notre conversation se prolongea long-temps après le déjeuner, et l'heure de la revue seule put nous séparer. Nous nous donnâmes rendez-vous le soir pour aller au Théâtre Français, Murville m'ayant dit qu'il désirait que j'assistasse à la représentation de ce jour.

Nous nous rejoignîmes le soir, mais notre conversation nous ayant menés un peu loin, il était tard quand nous arrivâmes au Théâtre Français. La première pièce était jouée, et on allait commencer la seconde. La salle était remplie de monde; j'aperçus la marquise dans une loge vis-à-vis de nous. Elle regardait attentivement Murville, dont une dame, qui était près d'elle, avait l'air de l'entretenir. Elle ne parut pas avoir fait attention à moi. On va jouer, me dit Murville, une jolie pièce nouvelle intitulée une *Journée de Philippe-Auguste*. C'est elle qui attire tout le monde que vous voyez; vous y remarquerez des applications nombreuses, et quand vous ne les remarqueriez pas, le public vous les ferait apercevoir. Vous verrez si le parterre est ingénieux à saisir les occasions de manifester ses sentimens pour le Roi.

Au moment où la pièce commença, un homme déjà âgé, ayant une décoration à la boutonnière, entra dans la loge et se plaça derrière nous. Il paraissait de mauvaise humeur, et lorsque le public applaudissait, il donnait des marques d'impatience et d'improbation. Enfin au moment au Philippe-Auguste dit :

> J'y veux laisser (en France) la paix, le bonheur, l'abondance,
> En chasser la discorde et les divisions,
> Éteindre les partis, calmer les passions,
> Et graver dans les cœurs ma maxime chérie,
> De tout sacrifier au bien de la patrie.

des applaudissemens s'élevèrent de tous les coins de la salle, et Murville et moi, nous y joignîmes les nôtres. Alors l'homme qui était derrière nous frappa du pied, et sortit de la loge. Ayant en ce moment jeté les yeux par hasard sur la marquise, je vis qu'elle me regardait avec l'expression de la colère et du dédain, et je ne fus pas peu surpris de voir un instant après entrer dans sa loge l'individu qui sortait de la nôtre. Ils se saluèrent avec un air de connaissance, et, jetant les yeux de notre côté, ils eurent l'air de parler de nous.

Cependant la pièce continuait, et lorsqu'on fut à ce passage,

> Honorer un vrai sage et le meilleur des rois,
> Qui règne sur nos cœurs en régnant par les lois,

des cris de bravo, des applaudissemens unanimes et prolongés, prouvèrent avec quelle justesse le public en avait fait l'application. J'étais enchanté de ces témoignages d'affection, qui me paraissaient honorer également le prince qui en était l'objet, et le public qui les lui donnait d'une manière si délicate. Murville et moi, cédant au sentiment qui électrisait tous les spectateurs, nous nous étions mis sur notre séant, et avançant le corps hors de la loge, nous avions mêlé nos cris et nos applaudissemens à ceux du public. En ce moment, mes regards s'étant portés sur la loge de la marquise, je vis qu'elle était sortie de la salle.

La pièce étant achevée, je témoignai à Murville ma surprise sur la manière dont la marquise m'avait regardé pendant le spectacle, et sur sa subite disparition. Je me trompe fort, dit-il, ou vous êtes maintenant fort mal avec la marquise. Elle ne vous pardonnera pas d'être lié avec moi, qu'elle n'a vu qu'une seule fois, et dont je sais cependant qu'elle a dit beaucoup de mal. Les applaudissemens que vous avez donnés à des passages qui le méritaient, ne feront qu'aggraver à ses yeux le tort de vous être trouvé avec moi ; vous me direz demain si je me suis trompé.

Je le quittai, bien déterminé à m'assurer le lendemain de la vérité de ses conjectures.

CHAPITRE VI.

LA DISPUTE.

La marquise me fit un accueil glacé. Comme elle ne paraissait nullement disposée à me faire connaître la cause de sa froideur, je la mis sur la voie, en lui disant : Vous n'êtes point restée jusqu'à la fin du spectacle, madame ; auriez-vous été indisposée ? — Non, monsieur, le spectacle me déplaisait, et plus encore les transports qu'il excitait. — Ces transports, madame, devaient plaire à tous ceux qui, comme vous, font profession d'aimer le Roi. — Voudriez-vous me faire croire, monsieur, que c'était l'amour du Roi qui se manifestait d'une manière si bruyante ? voudriez-vous me faire croire que c'étaient les louanges du Roi qu'on applaudissait ? — Qu'était-ce donc suivant vous, madame ? — C'était tout ce qui faisait allusion au système qu'il a nouvellement adopté. Que prêche cette pièce qui vous paraît si admirable ? l'oubli du passé, la réunion des partis, et à quoi veut-on en venir avec ces grands mots vides de sens ? à ramener les révolutionnaires dans tous les emplois, à éloigner les vrais amis du trône, à faire refleurir l'autorité du peuple souverain. Voilà le fond de toutes ces belles phrases où l'on vous représente le Roi comme prêt à opérer ces merveilles. Voilà ce qu'on ose prêcher en plein théâtre ; et le peuple de crier bravo, et les Jacobins de rire sous cape, et de se préparer à rentrer en scène. — Il me semble, madame, que vous êtes bien ingénieuse à trouver sous les marques du plus noble et du plus touchant enthousiasme des intentions perfides et des projets coupables! Ce n'est pas le Roi qu'on applaudit, c'est ce qu'il fait, c'est son gouvernement! Eh! l'un peut-il être séparé de l'autre? Par quoi peut-on connaître son amour pour son peuple, si ce n'est par ce qu'il fait pour lui? par quoi peut-on connaître sa sagesse, si ce n'est par les actes qui en émanent? Ainsi, louer ce qu'il fait, n'est-ce pas louer indirectement les motifs qui le font agir, et l'amour du bien public, qui dirige toutes ses démarches? D'ailleurs, vous faites honneur au public de distinctions subtiles auxquelles il n'a certainement pas songé. Il a applaudi à l'éloge du Roi sous toutes les formes où on le lui a présenté, sans distinguer ce qui s'adressait au Roi personnellement ou à son gouvernement. — Je vois, monsieur, que vous avez admirablement profité des leçons de l'homme avec lequel vous étiez. Je vous vois parfaitement imbu de cette hypocrite bonhomie qui a l'air de tout voir sous le jour le plus favorable, et de ne pas même soupçonner les dangers les plus imminens, afin d'engager les gens trop clairvoyans à partager cette sécurité, qui n'est que le résultat d'un système bien suivi et bien calculé. — Je me trouverais vivement offensé de ce que vous me dites, si j'étais votre compatriote, et qu'on pût me supposer dans tout ceci des vues personnelles ou des intérêts particuliers; mais comme ce soupçon ne serait que ridicule, je veux bien ne voir dans l'âpreté de vos réponses que la suite d'un zèle trop prompt à s'effaroucher. Ce zèle ne devrait cependant pas vous faire perdre de vue les ménagemens dus à un étranger qui, s'il ne partage pas vos principes, vous égale du moins en bonnes intentions. — Ces bonnes intentions sont toujours ce qu'on met en avant pour appuyer des principes qui n'en annoncent que de mauvaises; c'est un petit artifice que vous devez encore à votre mentor. — Puisque vous me faites l'honneur de me supposer incapable de rien penser par moi-même, dites-moi donc quel est celui auquel vous attribuez tant d'empire sur moi, et qui vous paraît un homme si dangereux.—Ayez l'air de l'ignorer ; nierez-vous que vous étiez au spectacle avec M. Murville?—Loin de le nier, madame, je me ferai toujours honneur de sa société et de son amitié. — Ah ! nous y voilà donc ! grand honneur en effet, que d'être l'ami d'un jacobin !—Qui gratifiez-vous de ce nom infâme ? — Celui qui le mérite, votre ami, votre Murville. — Vous abusez, madame, des droits de votre sexe en me forçant d'entendre injurier un homme que j'estime et que j'aime. Tout autre que vous m'aurait épargné cette mortification ; près de tout autre aussi j'aurais cherché à détruire les préventions défavorables dont mon ami est l'objet; mais ce soin serait inutile près de vous, qui ne voyez rien qu'avec des yeux fascinés par les préjugés, et qui êtes inaccessible à la raison dès l'instant qu'elle est en opposition avec vos opinions. D'ailleurs, Murville est assez connu. Son patriotisme, son amour du Roi et du bien public, lui ont assuré une réputation sans tache. Il se passera bien de l'estime de ceux qui ne sont pas dignes de l'apprécier. — Je reconnais bien là le langage de l'héroïque amitié qui vous unit à M. Murville. Vous avez l'intention de me dire quelque chose de piquant : quoique vos sarcasmes ne m'offensent pas, je veux cependant m'épargner l'ennui de les entendre; et je vais couper court à toute discussion par une déclaration franche de mes intentions. M. Murville est connu pour un homme imbu de principes révolutionnaires, pour un ennemi de la noblesse, du clergé, et je dois ajouter du Roi, malgré son jargon hypocrite. J'ose croire que je me suis fait connaître par un attachement inviolable aux principes sacrés de la légitimité et à tout ce qui en dérive, et surtout par une haine vertueuse et implacable contre les révolutionnaires, leurs principes, leurs adhérens. Je me dois donc à moi-même, je dois aux personnes qui m'honorent de leur estime, de ne point paraître déroger à ces sentimens; je ne pourrais continuer de recevoir chez moi l'ami de M. Murville, sans avoir l'air de transiger avec mes devoirs: c'est vous dire, monsieur, qu'il faut que vous choisissiez de ma société ou de l'amitié de M. Murville.—Vous avez dû penser, madame, que me proposer cette alternative, c'était m'ôter toute espèce d'hésitation, et que je n'aurai point la faiblesse de sacrifier une amitié aussi précieuse que celle de M. Murville. Je vous sais gré d'une franchise qui m'épargne le désagrément d'entendre davantage des opinions contraires aux miennes, et que la politesse m'interdisait de combattre. Il ne me reste plus, madame, qu'à vous prier d'excuser les contrariétés que ma façon de penser a pu vous causer, et d'agréer mes remercîmens pour l'accueil que j'ai reçu de vous. — Vous ne me devez, monsieur, aucun remercîment. J'aurais voulu que des sentimens plus louables, plus conformes à votre haute naissance, vous fissent partager mes opinions; mais puisqu'il n'en est point ainsi, allez jouir de l'amitié de M. Murville; allez goûter les triomphes qu'elle doit vous procurer près d'une classe d'hommes ennemis nés de la noblesse et de ses droits. Allez flatter ce peuple dont les suffrages ne vous dédommageront pas même des sacrifices que vous lui faites. Car, il est bon de vous le dire, ce peuple, qu'on suppose si satisfait de tout ce qui se passe, est plus juste et plus sensé qu'on ne croit. Il voit bien que son intérêt n'est qu'un prétexte qui sert à couvrir un plan qui tend à la ruine de la France. Il murmure de tout ce qui se passe, et témoigne assez par l'accueil glacé qu'il fait au Roi, accueil si différent de celui qu'il lui faisait autrefois, son improbation et son mécontentement. — J'ai peine à croire à ce mécontentement qui paraît vous flatter. Je crois plutôt que c'est un de vos vœux, qu'il vous plaît de supposer réalisé. Quoi qu'il en soit, si le peuple s'est laissé tromper sur ses véritables intérêts, on lui ouvrira les yeux, et il sera juste envers un souverain qui ne veut que son bonheur.

CHAPITRE VII.

LES TUILERIES.

Je sortis de chez la marquise fort satisfait d'être dispensé de revoir une femme qui avait voulu me faire prendre une opinion si fausse sur le véritable état de la France. Ses prétentions ne me paraissaient plus que des ridicules dignes de pitié, et je pensais que si quelques hommes connus par leurs talens avaient paru embrasser des principes aussi exagérés, ce ne pouvait être chez eux que le résultat d'un calcul fondé sur l'ambition ou l'orgueil, et qu'en rendant hommage à leur mérite, on ne pouvait se défendre d'un profond mépris pour leur mauvaise foi. Je n'en étais que plus porté à admirer la sagesse du prince, qui avait réprimé d'une main ferme ces *écarts d'un zèle trop ardent*. Une réflexion pénible vint troubler la satisfaction que j'éprouvais. Je me rappelai ce que la marquise m'avait dit sur le mécontentement du peuple. Serait-il possible, me disais-je, qu'en sacrifiant son repos au bonheur de ses sujets, il ne recueillît pas le prix qu'il en doit attendre ? Se pourrait-il qu'on eût aveuglé le peuple sur ses intérêts, au point de l'empêcher de bénir la main qui veut lui rendre sa liberté et ses droits?

Tout absorbé dans ces pensées, je suivais le chemin des Tuileries, et je venais d'entrer dans le jardin, lorsque la foule, qui se pressait autour de moi, me tira de mes réflexions. Je vis une grande multitude d'hommes, de femmes de tous les états et de toutes les classes, qui se pressaient sous les fenêtres du château. Un silence assez profond régnait dans cette assemblée, dont tous les yeux étaient fixés sur une galerie vitrée qui communique d'un des pavillons latéraux au pavillon central du château. Tout le monde paraissait dans l'attente, et quelques personnes donnaient des marques d'une vive impatience.

J'allais m'informer du sujet de ce rassemblement, lorsque je vis s'avancer, au travers des fenêtres de la galerie, un grand nombre de femmes, d'officiers en uniforme, de personnages en grand costume. Des cris de joie s'élevèrent de tous les points de la terrasse. Bientôt une des fenêtres de la galerie s'ouvrit, et un vieillard vénérable, que je reconnus pour le prince auquel je vouais déjà intérieurement une espèce de culte, parut sur le balcon. Mille cris de vive le Roi se firent entendre. Le prince salua avec affabilité. La plus touchante bonté animait sa physionomie noble et imposante. Il paraissait recevoir avec une vive sensibilité les témoignages d'amour qu'on lui donnait. Bientôt les princes et les princesses parurent sur le balcon : les applaudissemens et les cris redoublèrent. Le bon Roi paraissait de de plus en plus ému, ses yeux se portaient alternativement sur le peuple et sur sa famille. Il semblait dire à ce peuple qu'il trouverait dans les princes des héritiers de ses vertus, et de son amour pour lui.

Pour moi, électrisé par un pareil spectacle, j'avais mêlé mes cris à ceux de la multitude, et après que l'auguste famille se fut dérobée aux applaudissemens, je m'écriai les larmes aux yeux : Sage et digne monarque, famille auguste et révérée, vos cœurs n'ont point cessé de s'entendre, le même désir du bien public vous anime. Non, je ne crois plus à ces divisions intérieures dont vos prétendus soutiens se plaisent à faire de scandaleux récits. Vous serez toujours d'accord pour rendre heureux ce peuple, dont l'amour vous paye d'avance de tout ce que vous ferez pour lui!....

Au moment où je prononçais ces mots à haute voix, je me sentis tirer par le bras, et un petit homme déjà âgé, ayant une perruque et un habit tout-à-fait passés de mode, me dit presque à l'oreille : N'allez pas juger par les cris que vous avez entendus, des vrais sentimens du peuple. Ce sont des gens apostés exprès par ceux qui ont intérêt à tromper de plus en plus ce pauvre Roi. D'ailleurs le peuple de Paris, toujours prêt à céder aux impressions qu'on veut lui donner, ne doit point vous servir de règle pour juger le reste du royaume. Allez dans les campagnes, dans les provinces, et vous verrez qu'on déplore l'aveuglement du Roi, et qu'on y sent la nécessité qu'il ne se laisse conduire que par nous, qui sommes ses seuls amis, qui avons seuls assez de lumières et de force pour le sauver de la crise qui le menace.

Cet homme m'aurait sans doute encore parlé long-temps ; mais il venait de m'arracher d'une manière si désagréable au ravissement que m'avait fait éprouver la scène dont j'avais été témoin, que ne lui sachant aucun gré de ses instructions, je le quittai brusquement sans lui répondre. Il ne me fut pas difficile de reconnaître en lui un des obscurs propagateurs de la doctrine que j'avais entendu professer chez la marquise. Les sentimens qui avaient éclaté autour de moi avaient trop de vérité, trop d'élan, pour que je pusse n'y voir que les clameurs mercenaires de quelques misérables apostés exprès. Déjà sûr, quant à cela, du grossier mensonge par lequel on avait voulu m'abuser, je résolus de m'assurer par moi-même de la vérité de ce qu'on venait de me dire sur l'esprit des campagnes. Je me décidai donc à les parcourir. C'était le seul moyen de remplir complétement le but de mon voyage. J'avais déjà eu tant de preuves de l'ignorance ou de la mauvaise foi de la classe à laquelle cet homme se faisait gloire d'appartenir, qu'il me tardait de savoir si on avait cherché à me tromper sur ce point, comme sur les autres.

CHAPITRE VIII.

LE PAYSAN.

Je rendis compte à Murville de ma rupture avec la marquise, de tout ce qu'elle m'avait dit sur son compte, et je n'oubliai pas de lui répéter l'épithète de jacobin qu'elle avait accolée à son nom. Je vois, dit-il, que ce mot vous a choqué; mais si vous connaissiez mieux nos mœurs, vous n'auriez fait qu'en rire. Les Français, lorsqu'ils sont divisés entre eux, ne manquent jamais de désigner les partisans de l'opinion contraire à la leur par une dénomination odieuse et ridicule. Voilà pourquoi les exagérés nous appellent des jacobins, et ce nom leur paraît encore trop doux. Pour nous, qui sommes plus disposés à rire d'eux qu'à les haïr, nous leur avons donné une dénomination plus ridicule qu'odieuse. Mais cette pitoyable ressource n'est jamais employée que par ceux auxquels l'arme de la raison est étrangère. Laissons-leur donc la satisfaction de nous appeler jacobins. Quel en sera le résultat? C'est de recruter ce parti faible et décrié, d'un nombre immense de personnes honnêtes qui n'en ont jamais partagé les principes. Ce nom, qui devrait être un opprobre, sera bientôt, grâce à eux, un titre d'honneur, et ils feront disparaître tout l'odieux qui y était attaché, en le prodiguant aux gens de bien, aux citoyens les plus recommandables et les plus éclairés.

Je fis part à Murville de ma résolution et des motifs qui m'y portaient. Il m'assura d'avance de la fausseté de ce qu'on m'avait dit; mais pensant qu'il manquerait peut-être quelque chose à mon intime conviction, si je ne m'assurais par moi-même du véritable état des campagnes: J'ai, me dit-il, quelques amis dans des départemens peu éloignés de la capitale, je vous donnerai des lettres pour eux, entre autres pour M. Derville, qui demeure à H***, près de la ville de S***. C'est le meilleur de mes amis. Je ne vous en ferai point l'éloge; vous m'accuseriez peut-être, lorsque vous le connaîtrez, de ne pas vous en avoir dit assez. Il a une charmante habitation, où il est maintenant avec sa famille. C'est un bien national qu'il a acheté il y a quatre ans. Sa maison vous offrira un pied-à-terre agréable pendant tout le temps que vous ferez vos observations dans les environs. Vous avez une lettre de votre oncle pour M. de Hautencourt, qui habite une campagne peu éloignée de la sienne. Je vous engage à le voir, vous trouverez sans doute une grande différence entre lui et M. Derville; mais comme votre intention est de tout voir et de tout observer, il faut vous mettre à même de faire des comparaisons, qui pourront seules fixer votre jugement sur tout ce que vous voulez connaître.

Je remerciai Murville de sa bonne volonté, et j'acceptai son offre obligeante. Il me remit le lendemain les lettres qu'il m'avait promises, et vint me faire ses adieux avec Bernard. Comme le temps était assez beau pour la saison, et que mon voyage ne devait pas être long, je montai à cheval et je me fis suivre d'un seul domestique. Cette manière de voyager était la plus conforme à l'intention que j'avais de tout remarquer sans être, autant que possible, remarqué moi-même.

Je pris directement la route de la petite ville de S***, j'y arrivai le lendemain; je ne m'y arrêtai point et demandai de suite la route du village de H***. En approchant, je mis pied à terre. A environ cent toises du village, je vis un paysan occupé à remuer un petit jardin qui était au bord de la route. Au moment où j'arrivai près de lui, il se reposait et regardait fixement, et avec l'expression d'une tristesse profonde, un jeune enfant qui était assis sur une pierre peu éloignée de lui. La figure pâle et allongée de ce pauvre enfant annonçait la mauvaise santé, et son misérable accoutrement disait assez que cette mauvaise santé ne venait que des privations et du besoin. — Brave homme, cet enfant est-il à vous? — Oui, monsieur, me répondit-il sans presque me regarder. — Il paraît souffrant? — Il ne me répondit pas, mais je vis qu'il essuyait une larme. Vous en avez d'autres sans doute? — J'en ai trois autres. — Votre travail suffit-il pour les nourrir? — Il a suffi jusqu'à présent; mais le pain est si cher! leur mère est malade...... nous sommes bien malheureux! — Ce jardin est-il à vous? — Non; j'ai appris étant jeune le métier de jardinier, je cultive les jardins des autres. Jusqu'à présent j'ai eu de l'ouvrage; mais s'il venait à me manquer... — Et M. Derville, cet homme si riche, qui habite le beau château que je vois d'ici, ne fait-il rien pour les braves gens comme vous qui sont dans la peine? — Ah! c'est un digne homme! il a déjà sauvé bien des familles de la misère et du désespoir, mais moi.... — Pourquoi n'auriez-vous point part à ses bienfaits? — C'est M. le curé qui est chargé de distribuer ses aumônes, et je n'ai rien à espérer de lui.

— Pourquoi ? — Cela serait trop long à vous dire. — Dites-le moi. Je prends part à vos peines. — Monsieur, je suis entré fort jeune au service ; j'ai servi dix ans, j'ai été blessé, et je suis rentré dans ce village avec une pension de cent francs ; j'aimais depuis long-temps une fille avec laquelle je me suis marié. Elle n'avait pour tout bien que la chaumière que nous habitons. Notre famille s'est accrue ; mais mon travail et ma pension suffisaient pour la nourrir, lorsque de malheureuses circonstances me firent faire une démarche.... — Quelle démarche ? — Au mois de mai 1815, on nous annonça que l'ennemi allait rentrer en France, que l'armée alliée était sur les frontières, et que tous les Français devaient marcher pour les combattre. Que vous dirai-je ? Je me souvenais de les avoir vus en 1814. Ma tête se monta. Je me rappelai mon ancien métier. J'embrassai ma femme et mes enfans, et je me présentai pour marcher volontairement. Vous savez ce qui en résulta. Quand je rentrai dans ma chaumière, ma pauvre femme et mes enfans avaient déjà reçu bien des affronts, bien de mauvais traitemens pour ce qu'on appelait mon brigandage. Ah ! il faut que j'aie commis une bien grande faute, car on me l'a bien reprochée ; et cependant

Dieu sait quelles étaient mes intentions.—Est-ce pour cela que vous êtes mal avec le curé? —Oui, monsieur, et pour autre chose encore: vous savez ce que c'est qu'un vieux soldat. Je vais bien à la messe tous les dimanches, j'y assiste avec recueillement, avec dévotion; mais pour ce qui est d'aller à confesse et des autres exercices de piété, il y a trop long-temps que j'ai perdu tout cela de vue, et, dût-on m'en punir encore davantage, j'aime mieux m'en abstenir que de ne pas les remplir de bonne foi. Aussi M. le curé dit que je suis un coquin, et je n'ai rien à espérer des secours que M. Derville le charge de distribuer à ceux qui en ont besoin. — Pourquoi ne vous adressez-vous pas à M. Derville, qui ignore assurément tout cela? —Ah! monsieur! si vous saviez combien il est cruel, humiliant pour un vieux soldat, d'aller tendre la main.... — Je verrai le curé; j'espère le faire revenir des préventions qu'il a contre vous. — J'en doute. — Votre nom? — Michel Brémond. — Je vais tâcher de vous être utile. — Que le ciel vous récompense de vos bonnes intentions!

Il se remit à l'ouvrage et je m'éloignai.

CHAPITRE IX.

L'OFFICIER A DEMI-SOLDE.

J'allais entrer dans le village, quand je rencontrai un jeune homme d'une taille élancée, d'une figure agréable, mais sérieuse. Il était précédé d'un chien de chasse, et portait un fusil sous le bras. Sa veste verte était croisée par-devant; un bout de ruban rouge, qui dépassait de sa boutonnière, ses moustaches blondes, et une cicatrice très-apparente au-dessus de l'œil gauche, m'indiquèrent de suite que c'était un militaire. Je le saluai; et, désirant lier conversation avec lui, je lui demandai si c'était le village de H*** où j'allais entrer. Après qu'il m'eut répondu affirmativement, je lui demandai si M. Derville était dans ce moment à sa campagne. Il parut me regarder plus affectueusement dès qu'il sut que je connaissais M. Derville, et il commença à m'en faire l'éloge avec un ton de vivacité et de franchise qui me prévint en sa faveur.

Enhardi par sa confiance, je lui dis: Monsieur est sans doute un habitant de ce village?
— Oui, monsieur, je l'habite depuis le licen-

ciement de l'armée. — J'avais déjà reconnu que monsieur était militaire. — J'étais officier de dragons. — Et vous supportez bien patiemment sans doute l'inaction forcée où vous retient l'état actuel des choses ? — A la vérité, il m'est pénible d'être éloigné d'une carrière que j'aimais ; mais le nombre des officiers était tellement disproportionné avec l'armée que la France peut conserver, qu'il était tout simple qu'un grand nombre d'entre nous ne fût pas compris dans l'organisation nouvelle. Le hasard a voulu que je fusse de ce nombre, je n'ai pas le droit de m'en plaindre. — Voilà une résignation bien louable, mais que je crois bien rare parmi ceux qui se trouvent dans votre position. — Beaucoup moins rare que vous ne pensez. Il en est sans doute quelques-uns qui, aigris par l'ennui, par le mal-être, et plus encore par les vexations dont on n'a été que trop prodigue envers nous, supportent impatiemment leur position; mais croyez que la grande majorité se soumet sans murmure à des sacrifices qui pèsent d'ailleurs en ce moment sur toutes les classes de la société. — Je suis surpris de ce que j'entends ; je vous croyais en général bien opposé aux sentimens que vous exprimez. Je ne puis comprendre quelles sont ces vexations dont vous parlez. — Je vois qu'on a cherché à vous faire partager les préventions dont nous avons été trop long-temps l'objet et que le retour à la modération commence à dissiper. — Je suis étranger, et depuis peu de temps en France. A travers le choc des opinions que j'ai entendu manifester autour de moi, je n'ai encore pu fixer la mienne. Pardonnez donc à mon ignorance, et surtout gardez-vous de me croire disposé à prendre une opinion défavorable des officiers de l'armée française. Leur gloire a rempli l'Europe, et plus d'une fois, dans ma retraite, j'ai payé à leur valeur un juste tribut d'admiration, en regrettant de la voir employée à réaliser les rêves gigantesques d'une ambition qui ne connaissait plus de borne. — Vous êtes étranger et récemment arrivé en France! Vous n'avez donc point vu ce débordement de passions haineuses, de prétentions immodérées, de vengeances implacables, dont la France a été depuis un an le théâtre. Vous n'avez pas été témoin des ravages de ce torrent qui a entraîné un moment le plus sage des princes, et qui l'eût englouti lui et son trône, si l'on ne se fût empressé de lui opposer une digue, désormais insurmontable.

Vous connaissez assez la fatale révolution de

1815 : vous savez quel funeste aveuglement précipita une partie de l'armée et du peuple au-devant de l'homme que l'Europe en armes avait rayé du nombre des souverains. Loin de moi l'idée de prétendre justifier un enthousiasme qu'il a pris si peu soin de justifier lui-même. Une catastrophe horrible renversa une seconde fois et détruisit toutes les illusions qu'il avait réveillées, en nous le montrant, non point aux prises avec l'adversité, mais vaincu, terrassé par elle, démentant ses promesses, sa gloire passée, et jusqu'au caractère qu'on lui supposait encore.

Nous étions tous coupables, et cependant bien peu d'entre nous avaient provoqué la révolution qui venait d'anéantir la France. La majeure partie n'avait fait que se soumettre à la force des événemens. La patrie menacée avait fait taire tous les scrupules. Sa voix se mêlait à ce prestige encore puissant qui nous entraînait sur les pas de notre ancien général. Infidèles à nos sermens, nous nous croyions justifiés par le motif qui nous conduisait tous, celui de défendre la France, que 1,200,000 bras armés s'apprêtaient à déchirer.

Le Roi rentra dans sa capitale ; le licenciement de l'armée fut décidé. Cette opération si difficile éprouva quelques entraves par l'exaltation qui régnait parmi les soldats; mais ceux même qui ont cru de leur devoir de déprimer cette malheureuse armée, n'ont pu nier que partout les officiers n'aient employé leur ascendant sur le soldat pour l'engager à se soumettre à la volonté du souverain, et à rentrer paisiblement dans ses foyers. L'amour de cette même patrie à laquelle nous avions tout sacrifié, le désir de prévenir de nouveaux déchiremens et de nouvelles dissensions, nous faisaient une loi de nous conduire ainsi. Nous ne croyions pas mériter d'éloges; mais, dans la crainte de ne pouvoir nous en refuser, on s'empressa de les prévenir en dénaturant les motifs qui nous avaient guidés. On ne parut voir dans notre obéissance libre et volontaire qu'une basse soumission dictée par la crainte des châtimens, ou par le désir d'être maintenus dans nos emplois. Ainsi, par une calomnie absurde et maladroite, on nous mit presque dans le cas de rougir d'une conduite dont nous avions lieu d'être fiers.

Mais c'est dans nos foyers que nous attendaient les plus pénibles épreuves. Signalés d'avance comme des ennemis irréconciliables de la légitimité, de la paix et de l'ordre, la malveillance, le soupçon et la haine nous accueillirent à notre retour. Étrange position, et que nous étions bien loin de prévoir à l'époque où nous bravions des dangers toujours renaissans, des privations inouïes, des fatigues presque au-dessus des forces humaines, nous croyant assez récompensés par la gloire de cette patrie, qui semblait aujourd'hui nous rejeter de son sein, et par l'estime de nos concitoyens, qui semblaient ne plus vouloir nous reconnaître.

On a pu avoir raison de prescrire aux autorités de nous surveiller. Cette mesure était nécessaire peut-être pour quelques-uns d'entre nous, qui étaient véritablement des artisans de trouble et des perturbateurs du repos public. Mais quand leurs sentimens, leur conduite, étaient désavoués par l'immense majorité, qui se plaisait à donner des preuves de son obéissance aux lois et de sa soumission au Roi, fallait-il persévérer à nous regarder tous comme animés des plus coupables espérances? La surveillance recommandée aux autorités pouvait s'exercer sans nous faire sentir le désagrément d'y être soumis. Mais les passions haineuses auxquelles nous étions en butte, n'y auraient pas trouvé leur compte. Le zèle exagéré des fonctionnaires, entretenu par les rapports des délateurs officieux qui s'étaient imposé la tâche de veiller sur nous, outre-passa bientôt les intentions de l'autorité supérieure. Que dis-je? une multitude de surveillans sans mission, croyant ennoblir le métier d'espion, s'attachèrent à nos pas, épièrent toutes nos démarches. Une foule de personnes crurent leur conscience intéressée à nous décrier, à nous outrager. Des individus sans honneur, pleins d'une morgue que pouvait seule égaler leur bassesse, incapables de rien de bon et d'utile par eux-mêmes, et ne pouvant se donner quelque importance que par la découverte de complots imaginaires dont ils entretenaient sans cesse l'autorité, prétendirent rendre un grand service au gouvernement en faisant tout pour éloigner de lui des cœurs qui ne demandaient qu'à s'y rallier.

Au milieu de cette active persécution, notre conduite fut toujours calme et prudente, telle, en un mot, qu'elle eût dû désarmer la haine de nos ennemis, si cette haine n'était pas aveugle et inaccessible aux conseils de la raison et de la modération. Une pensée nous soutenait au milieu de tant de contrariétés, pensée consolante qui adoucissait à nos yeux les rigueurs de notre position. Nous savions que le Roi nous regardait toujours comme ses enfans, et l'idée que les mesures sous lesquelles nous gémissions n'émanaient pas de lui, nous donnait la force de les endurer. Enfin une insurrection, fruit d'une machination coupable et insensée, éclata dans un des départemens de la France. Les officiers en non activité ne balancèrent pas sur ce qu'ils avaient à faire, leur devoir et leur inclination le leur indiquaient assez. Ils offrirent leurs services aux autorités, pour réprimer cette folle entreprise. Ces services furent acceptés. Le Roi apprit ce dévouement avec une reconnaissance dont il donna des preuves. Une certaine classe d'hommes l'apprit avec surprise, et sans doute avec dépit. Le même dévouement éclata sur tous les points où il fut nécessaire, et nos détracteurs n'eurent plus d'autre ressource, que de ne pas supposer des sentimens semblables à ceux qui n'avaient pas eu les mêmes occasions de les faire éclater.

C'est ainsi qu'en se relâchant un peu de l'excessive surveillance à laquelle on nous avait assujettis, on ne nous a pas cependant tirés entièrement de l'espèce de réprobation sous laquelle on nous avait placés. On n'a point assez réfléchi qu'à force de nous prêter des sentimens défavorables au gouvernement, et de nous traiter en conséquence, on finirait par nous les inspirer. N'étions-nous donc pas assez punis de l'erreur qu'on peut nous reprocher, en voyant des jeunes gens sortant des écoles, des bureaux, des comptoirs, des antichambres, obtenir des emplois, des grades, des honneurs, qui avaient été pour nous la récompense de travaux sans nombre, et de sang versé dans les combats? N'était-ce point assez de voir toutes les faveurs prodiguées à l'intrigue, à la bassesse, à un dévouement qui n'avait souvent éclaté que par des paroles, à la nullité qu'appuyaient des recommandations, tandis qu'une faute suffisamment expiée nous condamnait à traîner dans les privations une existence qui pourrait être encore utile au Roi et à la France? Ah! sans doute cette punition suffisait, et la résignation avec laquelle nous nous y sommes soumis, devait interdire jusqu'à l'idée de nous en infliger une autre.

Cependant, dans les cérémonies publiques auxquelles notre devoir nous prescrit d'assister, où l'on trouverait mauvais que nous ne parussions pas, une barrière inexorable nous sépare des officiers en activité. Des généraux, des officiers supérieurs revêtus des marques de leur grade et des décorations qui ont été le prix de leur valeur, voient passer devant eux tel officier qui n'a encore fait qu'essuyer la poussière des bancs. Ils restent oubliés, confondus dans la foule, qui ne peut s'empêcher de leur témoigner un reste d'égards, que commandent toujours le courage et le mérite même dans la disgrâce.

Ce n'est pas tout; beaucoup de nos camarades, que le hasard a favorisés ou que des protections ont tirés de l'oubli général, ont obtenu de l'emploi dans la nouvelle armée. Eh bien ! le préjugé qui nous poursuit les met dans la nécessité de sembler méconnaître ceux qui ont été leurs amis, leurs frères d'armes. Ils ne peuvent fréquenter des gens qui passent pour avoir un mauvais esprit, sans courir les risques de paraître le partager. Ils s'exposeraient à des disgrâces en entretenant des liaisons suivies avec des hommes qu'on s'obstine à regarder comme dangereux.

C'est ainsi que des préventions funestes imposent silence à cette vieille et franche amitié, qui nous entraînerait les uns vers les autres. Cette intimité, sans détourner nos camarades de leur devoir, nous ferait supporter plus facilement l'espèce d'abandon et d'isolement où on nous laisse. Privés de cette ressource, ce n'est qu'entre nous que nous pouvons nous voir et nous réunir. Mais ces réunions si innocentes, si naturelles dans notre position, excitent encore des soupçons. Des hommes méprisables les dénoncent aux autorités comme des conciliabules dangereux où se trament des complots et des conspirations. Lâches et vils espions dont la vengeance n'est point encore satisfaite, et qui voudraient attirer sur nous l'indignation publique qui les poursuit!

Qu'ils connaissent mal le caractère français ceux qui veulent nous ramener par la force et par la violence à des sentimens que nos cœurs adopteraient d'eux-mêmes! Mais ils nous jugent d'après eux. Ils ne savent pas qu'on acquiert des droits sur un homme d'honneur en raison de la confiance qu'on lui témoigne.

Pardonnez-moi ces plaintes, que m'arrache le souvenir de tant de désagrémens, et gardez-vous de les croire dictées par un esprit de mécontentement ou de révolte; je n'ai rien exagéré. Je sais que, dans la capitale, sous les yeux d'un prince qui eût désapprouvé des actes aussi arbitraires, on a gardé plus de ménagemens avec les officiers; mais dans les provinces, où le faux zèle n'avait point d'obstacle à craindre, toutes les mesures ont paru légitimes quand nous en avons été l'objet. Loin de moi l'idée de prétendre justifier les factieux et les rebelles; que ceux-là soient en butte à toute la sévérité des lois : mais que ceux qui ne partagent pas leurs sentimens, ne partagent pas non plus la défaveur qui doit en être le résultat.

Mais tous ces abus vont finir; la modération s'assied sur le trône, à côté du meilleur des Rois. Déjà il a voulu que les officiers non employés participassent aux récompenses honorifiques qu'il accorde à son armée; et par la plus magnanime bonté, il consent à récompenser des services dont il n'a point été l'objet. Malheur à celui d'entre nous qui, après cela, ne serait pas toujours prêt à le défendre. Croyez-moi, si jamais il a besoin de nous, il nous verra rivaliser de dévouement et de fidélité avec ceux qui, plus heureux, ont été appelés à l'honneur de le servir. C'est au moment du danger qu'il apprendra à nous distinguer de ces serviteurs si dévoués, qui ne savent faire éclater leur zèle que par des délations. Oui, que la patrie, que le trône soient menacés, et l'on nous verra, oubliant toute animosité particulière et des sujets de mécontentement peut-être trop réels, ne nous souvenir que des dangers de la France, et lui offrir encore une fois un sang qui a déjà coulé pour elle; un sang que nous serons toujours prêts à répandre pour défendre notre souverain et notre indépendance nationale.

Ce jeune homme parlait avec véhémence. Son visage s'était animé d'une expression fière, au moment où il manifestait des sentimens si nobles et si touchans. Je l'avais écouté avec trop d'intérêt, pour songer à l'interrompre. Je lui pris la main, et, la serrant entre les miennes, je lui dis en le quittant : Heureux le souverain qui commande à de pareils sujets ! heureux le pays qui compte beaucoup de pareils citoyens ! quelques revers qui l'accablent, il se relèvera ! une nation composée de semblables élémens n'est point faite pour jouer un rôle secondaire sur la scène du monde ! sa gloire a pu souffrir une éclipse; mais elle reparaîtra un jour plus brillante et plus pure !

Après avoir quitté cet intéressant jeune homme, je me retournais encore involontairement pour le voir, et je répétais du fond du cœur :

Dii meliora piis, erroremque hostibus illum !

CHAPITRE X.

LE CURÉ.

J'ENTRAI dans le village, et ce que le paysan m'avait dit du curé, quoique me prévenant d'une manière défavorable sur son compte, me donnait l'envie de le connaître. Je me fis indiquer sa maison. Sa gouvernante m'arrêta à la porte, en me disant que monsieur était à table. J'entrai néanmoins, et je vis un gros homme, très-haut en couleur; il achevait de dîner, et parut assez mécontent de ma visite. Après m'avoir salué légèrement, il remit son chapeau sur sa tête, et me demanda ce qu'il y avait pour mon service.

J'entrai de suite en matière: Vous avez, monsieur, au nombre de vos paroissiens un nommé Michel Brémond. — Il n'est que trop vrai: plût au ciel que la commune en fût débarassée ! — Est-ce que sa conduite donne lieu à quelque plainte? — Pour le moment, non; mais il attend l'occasion. — Quelle raison avez-vous de lui supposer des intentions semblables? — Quelle raison! Ignorez-vous sa conduite? ignorez-vous que cet homme a marché volontairement pour soutenir l'usurpateur ? Que n'a-t-il eu le sort de tant d'autres ! nous en serions délivrés.—Voilà, permettez-moi de vous le dire, un souhait assez peu chrétien. Je ne crois pas que Michel Brémond mérite tant de sévérité. — Venez-vous ici pour le justifier?—Je le pourrais peut-être; mais ce n'est point là ce qui m'amène. Il est malheureux; à ce titre il a quelques droits à votre indulgence, j'oserais même dire à vos secours. — S'il est malheureux, il n'a que ce qu'il mérite. Quant à des secours, ce n'est pas quand nous en avons besoin nous-mêmes, que nous pouvons en donner aux autres. Qu'on nous rende ce qu'on nous a pris, et alors nous verrons ce que nous pourrons faire. — La sollicitude du Roi s'est étendue sur vous. Il a senti, comme vous devez le sentir vous-mêmes, qu'il était impossible de vous rendre tout ce que la révolution vous a ôté ; mais il vous a accordé tous les soulagemens qui dépendaient de lui. —Et où prenez-vous donc cette impossibilité de nous rendre tout ce dont on nous a injustement dépouillés? Ne regarderait-on comme sacrées que les usurpations illégales qui ont réduit à la misère tant de fidèles serviteurs du Roi ? Que deviendra la morale publique, lorsque de pareils attentats sont consacrés ? Que deviendra la religion, si l'on ne rend à ses ministres aucun de leurs priviléges? — Voilà des questions qui nous entraîneraient dans une discussion où probablement nous ne pourrions nous entendre. Je me bornerai à vous dire que le Roi ne manque ni de reconnaissance pour ses fidèles serviteurs, ni de zèle pour la religion, et qu'il a accordé à ces deux vertus de son cœur tout ce qui pouvait se concilier avec les interêts que vingt-sept ans de révolution ont amenés, avec la sûreté de son trône et l'opinion de son peuple.—Ah! l'opinion de son peuple! Vous êtes donc aussi de ceux qui veulent que le peuple soit compté pour quelque chose dans la manière de gouverner? Eh quoi! tout ce dont ce peuple a été capable ne vous a-t-il point ouvert les yeux sur le danger de lui laisser lever la tête? De quel droit ce peuple se permettrait-il de juger les actions de son souverain, auquel il doit une obéissance passive? Ah! c'est cette fatale erreur, cette funeste manie de vouloir immiscer le peuple dans les affaires du gouvernement, qui nous replongera dans l'abîme de maux dont nous sommes à peine sortis.— Calmez vos craintes, je ne crois pas le danger si grand que vous le faites. — Ce danger n'est que trop réel. Je connais tous les raisonnemens par lesquels on veut endormir les vrais amis de la monarchie; c'est par eux qu'on est parvenu à mettre un épais bandeau sur les yeux du Roi; c'est par eux que des ministres indignes de sa confiance lui ont fait adopter un système qui doit le perdre infailliblement. Déjà nous avons vu dans nos campagnes les funestes effets des mesures qu'on lui a fait prendre. Il y a un an, tout tendait au rétablissement de l'ordre, de la paix, de la morale. Aujourd'hui, tout tend à la confusion, à l'anarchie; on parle de modération, de charte, d'indépendance, de liberté même! Qu'arrive-t-il? Les acquéreurs de domaines nationaux, qui, frappés d'une crainte salutaire, ne retenaient plus qu'en tremblant leurs propriétés illégalement acquises, lèvent un front audacieux. Le peuple, qui gardait un silence profond et se disposait à voir renaître des priviléges trop long-temps abolis, ose maintenant parler de ses droits. En un mot, toute cette classe d'individus qui ne doivent figurer dans l'état que pour payer les impôts et peupler le royaume, forme un concert de louanges en faveur du gouvernement, dont ils se permettent de juger et de commenter les actes. Aussi, plus de ferveur pour la religion, plus de respect pour ses ministres; plus de soumission pour la noblesse. Que dis-je? Ils semblent insulter à ceux qu'ils commençaient à craindre, en attendant que la licence parvenue à son comble leur permette de renouveler les horreurs dont nous avons déjà été témoins. — Nous différons trop dans notre manière de voir, pour que j'entreprenne de réfuter des opinions que vous soutenez avec tant de fougue et d'emportement. Ce qui vous paraît à vous un grand malheur, un scandale criant, me paraît à moi la meilleure preuve que la marche adoptée par le gouvernement est aussi sage que politique. Le Roi n'est point Roi seulement des nobles et des prêtres, il l'est aussi du peuple français. C'est ce peuple qui forme l'immense majorité de la nation, c'est lui qui paye les impôts, qui verse son sang dans les combats, c'est lui qu'il importait de rassurer contre des prétentions ridicules aussi contraires à la raison qu'à ses intérêts. Le Roi y a réussi; que les bénédictions de ce peuple soient le prix de ce qu'il a fait pour lui! Quant aux acquéreurs de domaines nationaux, je ne prétends pas justifier l'odieuse spoliation par laquelle on a originairement arraché aux légitimes possesseurs les biens qu'ils voient aujourd'hui en d'autres mains; mais vingt-cinq années de possession ont établi une prescription que rien ne peut interrompre. On n'ose songer à tout ce qui résulterait de l'annulation de ces ventes. D'ailleurs, que de changemens, que d'améliorations dans ces biens! Dans combien de mains ils ont passé, et combien il est de propriétaires qui ont payé à leur véritable valeur les biens qu'ils possèdent aujourd'hui! Et, sans aller plus loin, ce M. Derville, recommandable par tant de vertus.... — Non, non, malédiction sur tous ceux qui retiennent un bien dont ils savent que le légitime possesseur a été dépouillé! L'honneur, la justice, leur font une loi de renoncer à des droits mal acquis! Qu'ils ne cherchent point à nous éblouir par des dehors de vertu, de bienfaisance et de soumission aux lois. Ils sont les ennemis de la légitimité, comme ils le sont de la morale et du bon ordre. Malheur donc....

Le curé allait continuer sur ce sujet, qui échauffait puissamment sa bile, lorsqu'un domestique en livrée entra, et lui remit, de la part de madame Derville, un très-beau pâté et une invitation à dîner pour le lendemain. La figure du curé, qui était contractée par une violente colère, prit tout à coup un air plus calme. Ses yeux, qui étincelaient du feu de la rage, se fixèrent avec complaisance sur le présent qu'on lui envoyait. Il remercia le domestique dans les termes les plus polis, et le chargea de porter à madame Derville l'expression de sa reconnaissance et de son respect, ainsi que son acceptation pour le dîner du lendemain. Il appela sa gouvernante, lui fit porter le pâté dans un buffet, qu'il referma soigneusement lui-même, et revint enfin vers moi, qu'il avait totalement oublié depuis l'arrivée du domestique.

Je le regardais en souriant, et il prit tout à coup un air embarrassé. Je vois avec plaisir, lui dis-je, que M. Derville, en soulageant la misère des indigens de cette commune, n'oublie pas les égards qu'il doit à celui qui est leur consolateur et leur premier ami. Vous conviendrez que cet homme respectable mérite d'être excepté de l'anathème que vous prononciez tout à l'heure avec une sévérité, je crois, excessive. — Monsieur, je vois que l'esprit du temps vous a gagné, et que vous êtes disposé à jeter du ridicule sur nous. La fausse position où nous met l'état actuel de la société, si contraire avec les principes que nous embrassons par devoir et par inclination, ne prête que trop à nous reprocher des contradictions apparentes. Non, monsieur, je ne me rétracte pas de ce que j'ai dit; mais je vais chez M. Derville, parce qu'il fait du bien à mes paroissiens; parce qu'il est de mon devoir d'exciter de plus en plus sa bienfaisance.—Eh! monsieur, vous n'avez pas besoin de vous justifier, parce que vous allez chez un homme auquel vous devez de la reconnaissance, et pour le bien qu'il fait aux malheureux, et pour les égards qu'il vous témoigne à vous personnellement, égards auxquels vous paraissiez tout à l'heure si sensible. — Non, monsieur, ce n'est pas pour ce qu'il fait pour moi que je dois... — Laissons là de grâce ce sujet, qui pourrait vous déplaire, et revenons au motif de ma visite, dont nous nous sommes un peu écartés. J'ai vu Michel Brémond; sa franchise et sa misère m'ont touché. Je n'ai pu attribuer qu'à l'oubli l'exclusion qu'il a soufferte dans la distribution des secours que M. Derville accorde aux indigens de cette commune; je lui ai promis de vous parler en sa faveur, ou plutôt de vous rappeler ses besoins. — Comment! ce misérable a osé se plaindre! nous serions bien bons de nous occuper d'un pareil vaurien, tandis que nous avons des pauvres d'une conduite irréprochable, d'une piété sincère, et qui remplissent avec une ferveur exemplaire les plus minutieuses pratiques de la religion. — Monsieur le curé, la main qui vous confie les dons que vous distribuez, n'a-t-elle prétendu s'ouvrir que pour ceux dont la conduite ou les pratiques extérieures seraient conformes à votre manière de voir? Est-ce à vous de détourner sur quelques individus privilégiés des bienfaits qui doivent être également répartis sur tous? Vous appartient-il de faire une différence entre ceux qui doivent tous être égaux à vos yeux par leur indigence, leurs douleurs et leurs privations? — Prétendez-vous, monsieur, m'enseigner mes devoirs? — Non; je ne voudrais que détruire des préventions qui vous empêchent de les remplir dans toute leur étendue.—Monsieur, ma conscience est tranquille. Je ne craindrai point de paraître devant le juge suprême, qui seul a le droit de me demander compte de mon administration.—Cette responsabilité tardive n'empêchera pas que des infortunés n'aient gémi, privés des secours qui leur étaient destinés, des secours qui devaient les préserver de la misère, des maladies, de la mort, et que votre main barbare refuse de répandre sur eux. — Monsieur, cessez de m'insulter chez moi. Jamais un misérable, tel que Michel Brémond, ne recevra rien de moi, et je vais tout faire pour en purger bientôt la commune. — L'intérêt que je prends à lui, les démarches que je ferai près de M. Derville en sa faveur, le mettront, je l'espère, à même de se passer de votre bienveillance, et l'empêcheront d'avoir rien à craindre de vos persécutions. — C'est ce qu'il faudra voir.—C'est ce que vous verrez bientôt.

CHAPITRE XI.

L'ACQUÉREUR DE DOMAINES NATIONAUX.

Je sortis, indigné de la dureté de cet homme et de son odieuse partialité. Je marchais le long d'une magnifique avenue qui conduit au château ; je rencontrai un homme d'environ quarante ans, qui donnait le bras à une femme de vingt-six à vingt-huit ans. La figure de l'homme était noble et sérieuse ; celle de la femme, douce et prévenante. Leur mise était simple, mais de cette simplicité qui n'exclut pas une sorte d'élégance. Un pressentiment m'avertit que c'étaient là les maîtres du château. Je les abordai, et je vis avec plaisir que je ne m'étais pas trompé. Ils étaient déjà prévenus de mon arrivée, et me firent un accueil qui me prouva que la recommandation de Murville était quelque chose pour eux. Ils voulaient retourner au château pour m'y conduire. Je les priai de continuer leur promenade, en leur demandant la permission de les accompagner, si je le pouvais sans indiscrétion. Je leur témoignai le plaisir que j'aurais à voir en détail les dépendances d'une habitation qui me paraissait faire beaucoup d'honneur au goût de M. Derville. Ils se prêtèrent de bonne grâce à ce que je désirais, et nous nous acheminâmes vers une porte qui donnait entrée dans le parc sans qu'on fût obligé de passer par le château.

Chemin faisant, je dis à M. Derville que j'avais déjà fait une visite au curé. En ce cas-là, vous savez déjà, me dit-il, que cette propriété est un bien national? — Il est vrai. — C'est un crime irrémissible aux yeux de ce pauvre homme; mais je ne lui en veux pas pour cela; ma conscience ne me reproche rien. J'ai acheté ce bien, il y a quatre ans. Celui qui le possédait alors, voyant que j'en avais envie, me le fit payer au-delà de sa valeur. Depuis ce temps, j'y ai fait beaucoup d'améliorations. La maison était vieille, je l'ai fait rebâtir. J'ai remplacé un grand jardin bien nivelé, bien tiré au cordeau, par un vaste et élégant jardin anglais. Il y avait autrefois là-bas une vieille chapelle dont les décombres ont servi à élever les bâtimens que vous y voyez. Ce sont des écuries, des étables, une basse-cour, le logement des jardiniers et autres ouvriers que j'emploie; il y a aussi quelques chambres où l'on reçoit les malheureux qui se trouvent momentanément sans asile. Il n'était point juste de disposer d'un édifice qui avait appartenu au culte, sans l'en indemniser d'un autre côté. Je fis faire à l'église du village quelques réparations dont elle avait grand besoin. Je fis faire à la maison du curé d'utiles embellissemens; il était alors enchanté que je fusse devenu propriétaire de cette terre. Les événemens qui sont survenus depuis l'ont fait changer de langage sans rien changer à ma manière d'être avec lui. Je sens la nécessité que les paysans aient pour lui du respect et de la considération. C'est en lui en témoignant le premier, que je les empêcherai de s'en écarter. Peu m'importe, après cela, qu'il me damne en mangeant mon dîner, pourvu qu'il me fasse connaître les besoins des indigens, et qu'il se charge de leur distribuer les secours que je puis leur accorder. — Et remplit-il bien au moins une obligation si sainte? — Je n'ai pas de raisons d'en douter.

Je n'étais point encore assez connu de M. Derville pour vouloir le désabuser; je remis à un autre moment à lui parler de Michel Brémond.

Nous parcourûmes les potagers, les vergers qui dépendaient du château. J'admirais avec quel art M. Derville avait tiré parti de tout ce qui pouvait contribuer à l'agrément de sa propriété, sans rien oublier de ce qui pouvait en augmenter le rapport. Son aimable compagne, quoiqu'elle fût bien au courant de ces détails, paraissait les entendre encore avec plaisir, et jouissait de l'air attentif et approbateur avec lequel j'écoutais son mari. Elle semblait me savoir gré de ma curiosité, qui le mettait à même de satisfaire ce sentiment de complaisance avec lequel on parle toujours de ce qu'on a créé.

Après que nous eûmes presque tout vu, nous reprîmes la route du château. Une petite fille de dix ans et un garçon de sept à huit ans accoururent au-devant d'eux, dès qu'ils les aperçurent. Le père et la mère les embrassèrent, et me dirent: Voilà Adèle et Charles, nos deux enfans; ils vous connaissent déjà sans vous avoir vu, car ils nous ont entendus lire la lettre de notre ami Murville.

Nous rentrâmes; on me fit entrer dans un salon meublé avec beaucoup de goût. Le buste du Roi était placé sur une console de marbre: un bon feu nous attendait; deux personnes étaient auprès. L'un était M. Lefranc, ami de M. Derville, qui venait passer quelques jours à la campagne; l'autre était M. Simon, qui avait la gestion de la propriété pendant l'absence de M. Derville, et qui remplissait en ce moment les fonctions d'instituteur auprès de son fils. On me demanda si je voulais jouer aux cartes. Sans refuser positivement, je laissai entrevoir que ce ne serait que par complaisance que je me livrerais à cet insipide passe-temps. On me mit de suite à mon aise, en m'avouant qu'on y jouait fort rarement, et seulement quand les étrangers qui étaient à la maison paraissaient le désirer. Nous nous rangeâmes autour du feu, et la conversation s'engagea bientôt.

Sans qu'aucun de nous parût l'avoir voulu, les affaires du moment en firent le sujet. Monsieur, me dit M. Lefranc, vous venez d'une ville où toutes les têtes sont bien agitées, où tous les amours-propres, toutes les vanités, sont sous les armes. — Je n'en sens que mieux l'avantage de partager le calme dont on jouit dans cette campagne. — Ah! ce calme a toujours été le même dans cette maison; mais il y a un an, il était banni des chaumières qui nous environnent. A cette époque, de prétendus amis du Roi nous menaçaient du retour de priviléges, désormais incompatibles avec nos mœurs. Ils annonçaient aux acquéreurs de domaines nationaux une expropriation prochaine et inévitable. Une chambre, qui pouvait avoir des intentions pures, mais qui s'était étrangement méprise sur les moyens de les manifester à la nation, accréditait par sa marche impolitique et peu mesurée les bruits que répandait une malveillance d'autant plus dangereuse, qu'elle prenait le masque du zèle pour la bonne cause. Alors vous eussiez vu les inquiétudes et la défiance remplacer les espérances qu'on avait fondées sur le caractère connu du Roi. Vous eussiez vu le mécontentement et la crainte entretenir une fermentation qui nous eût replongés dans le gouffre de maux dont nous sortons à peine. Le Roi, trompé un moment, ne pouvait l'être long-temps. Il ne pouvait tarder à reconnaître que ses véritables intérêts étaient inséparables de ceux de la nation. Un ministère indignement calomnié a secondé les vues bienfaisantes du prince. Alors les craintes se sont dissipées; et, rassurés maintenant sur des prétentions qui les effrayaient, les paysans ne songent plus qu'à faire face aux charges énormes que leur impose la triste position de la France. Voilà le changement qu'a opéré dans nos campagnes un système contre lequel se déchaîne avec tant d'acharnement une ligue d'individus qui voudraient faire passer pour un amour pur et vrai du Roi et de la monarchie, la rage d'une vengeance trompée et d'une ambition déçue. »

Pour moi, dit M. Derville, je n'ai jamais

partagé des craintes que les apparences s'accordaient à confirmer. Je n'ai jamais douté du maintien des droits que la charte a consacrés. Le Roi l'avait promis, et, comme il le dit lui-même, l'Europe sait si jamais il a manqué à sa parole. Mais cette promesse, qui me rassurait, ne suffisait plus à des esprits crédules, dont on tâchait par tous les moyens d'ébranler la confiance. Si j'avais cru que le sacrifice de ma propriété fût nécessaire à la tranquillité générale, je m'y serais résigné, quoique avec peine. Ma fortune, après cet échec, eût encore suffi aux besoins de ma famille ; mais il en est une immense quantité qui, dépouillées et sans ressources, n'auraient eu d'autre asile que le désespoir. Que les insensés dont les vœux appelaient cette crise, en envisagent les conséquences, et bénissent la main qui les sauve malgré eux.

Pendant que nous parlions ainsi, Madame Derville, qui aussitôt que la conversation était tombée sur les matières politiques, avait cessé d'y prendre part, était allée vers le piano, où sa fille étudiait une sonate. Elle lui fit recommencer quelques passages où elle avait manqué. Je m'approchai, et la priai de prendre un moment la place de sa fille. Elle ne se fit pas prier, et chanta, sans prétentions et avec beaucoup de goût, un air d'un opéra français. On vint bientôt annoncer que le souper était servi ; la conversation pendant le repas fut toujours animée et décente. On n'avait point pour moi de ces prévenances outrées qui vous avertissent toujours que vous n'êtes pas chez vous, quoiqu'on semble vouloir vous le faire oublier. On eût cru que j'étais de la maison. Je me retirai le soir, enchanté de l'accueil que j'avais reçu et de la franche cordialité qui régnait dans cette maison.

On se réunit le lendemain au déjeuner. M. Derville m'annonça que le curé dînait à la maison. Cette société, me dit-il, ne sera peut-être pas de votre goût ; mais en revanche nous aurons aussi M. Gersain. J'espère que ce jeune homme vous paraîtra, comme à nous, digne de votre estime et de votre amitié. A ces mots, Charles fit une exclamation joyeuse, qui me prouva qu'il n'était pas celui de la maison à qui la société de M. Gersain fût le moins agréable.

Dans l'intervalle du déjeuner au dîner, j'allai me promener dans le village. Je me ressouvins en sortant que je n'avais encore rien fait pour Michel Brémond ; je m'en fis un reproche, et je ne retournai pas du côté où je l'avais vu la veille, dans la crainte de le rencontrer sans pouvoir lui annoncer rien de favorable.

Je vis à l'autre extrémité du village une maison blanche avec des contrevents verts. Cette maison avait un air de propreté et d'aisance. Un enfant était devant la porte, jouant avec un gros chien. Le chien le fit tomber dans la boue, et l'enfant se mit à crier de toutes ses forces. Je le relevai, et je le conduisis dans cette maison, à laquelle je présumais bien qu'il appartenait. Une femme, sans faire attention à moi, s'empara de l'enfant, et examina s'il était blessé. Lorsqu'elle se fut assurée qu'il n'avait aucun mal, elle me fit entrer dans une chambre assez propre, qui était chauffée par un poêle. Son mari parut et me remercia avec beaucoup d'honnêteté de mon attention pour son enfant.

J'eus bientôt occasion de lui dire que j'étais venu passer quelques jours chez M. Derville, et il se mit à m'en dire beaucoup de bien, comme je m'y attendais. Vous êtes, dis-je, cultivateur? — J'ai quelques terres que je fais valoir depuis que je n'ai plus d'autre occupation. J'ai été pendant dix ans percepteur de cette commune. — Depuis quand avez-vous cessé de l'être? — Depuis quinze mois environ. — Il suffit de vous voir pour juger que vous n'avez perdu votre place par aucun motif dont vous ayez à rougir. — Grâce à Dieu, personne ne m'a jamais rien reproché. J'ai toujours tâché d'adoucir ce que l'exercice de mon emploi avait de rigoureux. J'ai souvent fait des avances à de pauvres gens, qui sans mon secours auraient vu saisir leurs meubles. Enfin, quand j'ai perdu ma place, j'ai eu la consolation de voir qu'on me regrettait. — Quelle a donc été la cause de votre disgrâce? — C'est une histoire un peu longue; mais, si cela vous fait plaisir... — N'en doutez pas.

Nous avons ici un nommé Bonin, qui a été autrefois domestique d'un seigneur. Son maître ayant émigré, cet homme vint se fixer dans cette commune. Il ouvrit une école, où il enseignait aux enfans à lire le catéchisme républicain et les droits de l'homme. Il était ce qu'on appelait alors un chaud patriote. C'était lui qui composait des cantiques pour la fête de la raison, et c'était sa femme qui représentait la déesse. Quelques années après, comme il voulait toujours jouer un rôle, il fit dans son école une pompeuse inauguration du buste de l'Empereur. A cela près, je le croyais bon diable. Il apprenait à lire à mon fils aîné, et à ce titre il venait assez souvent partager mon dîné. Il tint une conduite fort circonspecte et fort modérée pendant nos derniers troubles; mais au mois d'août 1815, il apprit que son ancien maître était rentré avec le Roi et allait bientôt venir habiter une terre qu'il a près d'ici. C'est M. de Hautencour, dont peut-être vous avez entendu parler.

Bonin, depuis cet instant, ne fut plus le même homme; il hissa un drapeau blanc au-dessus de la porte de son école, et ne se montra plus en public que décoré d'un ruban blanc, qui surpassait en dimensions celui du curé lui-même. Jamais enthousiasme plus vif ne s'était manifesté pour la bonne cause. A cet enthousiasme, qu'il proclamait de toutes les manières possibles, se joignaient les plus brillantes espérances sur la fortune que devait lui procurer la protection de M. de Hautencour, dont il ne disait plus avoir été le domestique, mais bien le secrétaire. Enfin, M. de Hautencour arriva dans sa terre, et Bonin annonça qu'il allait lui faire une visite.

La veille de son départ, il vint me voir pour me faire part de ses espérances et de ses projets, qui, à ce que je vis, n'avaient pas encore de but bien déterminé. Il ne doutait cependant nullement de leur réussite, et m'assura de sa protection, sans doute pour m'engager à lui prêter mon cheval et ma carriole, qu'il finit par me demander. J'y consentis de bon cœur.

Bonin partit le lendemain matin, et revint le soir. Il me ramena ma voiture. Je ne lui trouvai pas l'air que je m'attendais à lui voir ; il paraissait sérieux et embarrassé. Je lui demandai s'il avait à se louer de son voyage ; il chercha à éluder mes questions en me disant qu'il avait des projets, mais que cela demandait du temps. Je ne le pressai pas de s'expliquer, et il se retira chez lui. Il resta trois jours entiers renfermé, et ne faisant qu'écrire. Ce furent trois jours de congé pour ses élèves, qui ne le virent pas. Au bout de ce temps, il partit pour la petite ville de S., portant à la poste un énorme paquet. Quinze jours après, je reçus ma destitution, et Bonin fut nommé à ma place.

J'ai appris depuis que le paquet qu'il avait porté à la poste, était une dénonciation contre moi. Il y était dit que j'avais mangé un cochon de lait le 15 août, preuve que je célébrais la fête de l'usurpateur ; que, pendant tout le printemps, j'avais eu des violettes sur ma cheminée, preuve que j'étais du complot qui avait ramené l'usurpateur ; que ma femme avait eu une altercation avec la servante du curé, preuve que j'étais ennemi de la religion, et par conséquent du Roi. Enfin, comme il avait voulu enseigner à ses élèves le latin, qu'il ne sait pas, et qu'un inspecteur de l'instruction publique lui avait prescrit de se borner à leur apprendre à lire, il finissait par représenter qu'il avait été persécuté, et qu'on avait voulu fermer son école, parce qu'il inspirait aux enfans l'amour de la légitimité et de la religion.

Je ne revis pas l'homme méprisable qui avait employé de pareils moyens pour se faire donner ma place. J'avais d'abord pensé à faire sentir la futilité des griefs qu'on m'imputait, à représenter que ma conduite avait toujours été irréprochable, ce qu'on ne pouvait dire de celle de M. Bonin; mais je songeai qu'il s'était donné pour un défenseur zélé et désintéressé de la cause royale, pour une victime du dernier gouvernement, et que l'autorité, abusée sur le compte de cet homme et prévenue contre moi, n'écouterait pas mes réclamations. Depuis, on m'a parlé de tant d'autres fonctionnaires dépossédés d'emplois plus importans que le mien par des gens qu'ils regardaient comme leurs amis, qui quelquefois même étaient leurs parens, que je ne vis plus dans mon affaire qu'une conséquence naturelle de ce déchaînement de prétentions qu'amène toujours une révolution. Je n'en remplirai pas moins exactement mes devoirs de citoyen. Moins sévère que beaucoup d'autres, je ne rendrai jamais le Roi et ses ministres responsables des injustices qui ont pu se commettre en leur nom. Comment veut-on que l'autorité, circonvenue par tant de gens intéressés à la tromper, ne soit pas quelquefois entraînée malgré elle? comment l'amour du bien la garantirait-elle toujours des piéges qu'on lui tend, lorsque d'adroits intrigans savent faire contribuer cet amour du bien même au succès de leurs menées? Comment pourrait-elle toujours dévoiler et apprécier à leur juste valeur l'animosité et l'envie, qui prennent le masque du zèle; l'ambition et l'avidité, qui prennent le masque du désintéressement? C'était une crise orageuse qu'il fallait supporter, et, grâce au ciel, elle est passée. Je n'ai jamais murmuré, et j'ai toujours été plus affligé qu'irrité, en voyant le gouvernement donner sa confiance à des gens qui, examinés de près, n'auraient pu faire valoir pour tout mérite, pour tous services, que leur zèle à dénoncer des hommes qui valaient mieux qu'eux.

Bonin, aussitôt qu'il fut en fonctions, s'attacha à prouver qu'il était un homme important, en faisant tout le mal qui était en son pouvoir. Aucune indulgence pour le contribuable qui ne demandait qu'un délai; des exécutions, des saisies, on ne l'entendait parler que de cela. Il s'est montré très-rigoureux, entre autres contre la femme d'un nommé Michel Brémond, ancien soldat dont le régiment n'était pas encore licencié, et qui eût vu saisir tout ce qu'elle possède, si je n'eusse fait l'avance de la petite somme à laquelle elle était imposée. Bonin a maintenant changé de langage. Depuis qu'il voit que l'heureux temps où l'on pouvait impunément dénoncer tout le monde est passé, il a cessé de dire du bien du Roi. Il fait cause commune avec le curé; ils crient sans cesse que tout est perdu, et ils veulent le faire croire aux paysans, qui ne les écoutent ni l'un ni l'autre. Pour moi, je n'ai pas de peine à persuader à ces bonnes gens que le Roi ne veut que leur bien, qu'il est notre père à tous, et je les engage en conséquence à supporter des sacrifices nécessaires, que le Roi gémit d'être forcé d'exiger d'eux.

Je félicitai ce brave homme sur sa résignation et ses bons sentimens, et je retournai au château. Il n'y avait pas long-temps que j'étais au salon, lorsqu'on annonça M. Gersain. Je fus agréablement surpris en reconnaissant en lui l'officier que j'avais rencontré la veille. Charles fut se jeter à son cou, et nous nous tendîmes la main comme si nous étions déjà d'anciennes connaissances. Peu de temps après, le curé entra; il parut étonné en me voyant, et très-choqué de rencontrer M. Gersain.

On se mit à table; la maîtresse de la maison partageait ses attentions entre tous les convives; et j'avais remarqué que, plusieurs fois, la conversation ayant commencé à rouler sur les affaires politiques, elle avait eu la délicate attention de la ramener sur un autre sujet, sans doute à cause du curé, qui était intraitable sur ces matières, et dont l'opinion était loin de cadrer avec la nôtre. Mais M. Derville, sans le vouloir, fit éclater l'orage en demandant à M. Gersain s'il ne songeait point à solliciter pour obtenir de l'emploi, ainsi que ses services lui donnaient le droit d'y prétendre. Des services! s'écria le curé, et quels sont donc ces services dont on ose parler? Des services qui nous ont rendu l'exécration de l'Europe, qui appesantissaient sur nous un joug monstrueux, et qui devaient éloigner à jamais de la France ses princes légitimes! Qu'on en rougisse au lieu de prétendre s'en faire des titres. Il n'y a d'honorable que les services rendus à la cause du Roi ; tout le reste n'est que brigandage. — Là, là! dit M. Lefranc, calmez-vous et faites un retour sur vous-même. Est-ce toujours pour Louis XVIII que vous avez chanté le *Domine, salvum fac*? Est-ce lui que vous aviez en vue lorsque vous exhortiez vos paroissiens à faire des vœux pour la conservation des jours précieux de S. M., et pour le succès des armes de ceux qu'il vous plaît aujourd'hui de qualifier de brigands ? — Le curé, déconcerté par cette apostrophe, répondit en balbutiant, qu'il avait bien fallu se soumettre à la force des choses et obéir au gouvernement alors existant. Curé, dit M. Lefranc, cette excuse est la même pour tout le monde.

Pendant ce dialogue, j'avais toujours regardé M. Gersain ; lorsque le curé fit son indécente sortie, une vive rougeur avait coloré son visage : l'indignation et la colère s'y peignaient tour à tour. Au mot de brigandage, il lui lança un regard terrible, dont celui-ci pâlit, et qui eût été suivi d'une violente explosion, si un coup d'œil suppliant de madame Derville ne l'eût désarmé. Il garda le silence, et cessa de regarder le curé ; mais la contraction des muscles de son visage annonçait la violence qu'il se faisait. On se hâta de mettre la conversation sur un autre sujet. M. Gersain, qui avait eu le temps de se remettre, y prit part. Il réunissait à beaucoup d'enjouement un esprit très-cultivé et des connaissances variées, qui le faisaient écouter avec plaisir. Quant au curé, dès qu'on ne lui donna plus d'occasion d'épancher son fiel, il se contenta de boire et de manger comme quatre, et ne parla plus.

Au dessert, il fut question des indigens de la commune. — La misère est bien grande, dit alors le curé ; nous avons un grand nombre de malheureux, qui n'ont d'autre espoir que dans la bienfaisance de M. Derville, et qui méritent vraiment ses bontés.—Entre autres, dis-je, un nommé Michel Brémond, auquel j'ai parlé hier, n'est-il pas vrai, monsieur le curé ? Le curé, contre mon attente, me regarda d'une manière presque suppliante, comme pour m'engager à n'en pas dire davantage. Je compris alors qu'accoutumé par orgueil à ne pas déférer aux observations qu'on lui faisait, il n'en avait pas moins senti la justice de ma réclamation en faveur de Brémond, et qu'il était disposé à réparer sa faute. Je lui sus gré de ce sentiment. Je continuai de parler de Brémond, et de dire tout ce que je crus de plus propre à intéresser en sa faveur, en évitant soigneusement ce qui eût pu blesser le curé et faire soupçonner ses torts envers cet homme.

Après le dîner, il s'approcha de moi pour me remercier des ménagemens que j'avais gardés avec lui. Je ne lui laissai pas le temps d'achever ; je reconnaissais que je l'avais mal jugé ; que j'avais pris pour de la dureté et de l'insensibilité un amour-propre très-irritable, qui ne pouvait souffrir ni avis ni représentations sur tout ce qui se rattachait à ses opinions et à ses préjugés. Je lui témoignai le regret que j'avais de lui avoir parlé un peu durement la veille. Cette condescendance de ma part l'amena à me manifester ses bonnes dispositions pour Brémond, envers lequel il avouait avoir été trop sévère. Je vis avec plaisir qu'il suffisait de lui rappeler ses devoirs quand la prévention l'aveuglait, et que son cœur n'avait point de part aux torts de son caractère : nous nous séparâmes bons amis.

Après qu'il fut sorti, je ne pus me défendre de tristes réflexions sur l'esprit de parti, qui obscurcit les meilleures qualités au point de faire supposer à ceux dont il s'est emparé, les vices qui leur sont le plus opposés. Ainsi, me dis-je, cet homme a un bon cœur; son caractère peut-être eût toujours été doux et facile, si de malheureuses circonstances n'avaient compromis sa vanité ou ses intérêts dans des discussions où il est presque impossible de conserver du calme et de la modération ; et cependant, si je fusse parti hier, je l'aurais regardé comme le plus dur, le plus injuste de tous les hommes, comme le plus indigne du ministère de paix qui lui est confié.

Madame Derville remercia M. Gersain de ne s'être point emporté contre le curé: J'avoue, dit-il, que j'ai été près d'éclater, et j'en aurais maintenant du regret. Nous devons être accoutumés à toutes ces déclamations où l'on se croit obligé de ravaler nos services, et de calomnier nos intentions. Elles doivent nous être d'autant plus indifférentes, que nous ne les entendons jamais proférer que par des individus qui méritent ou le ridicule ou le mépris. Les premiers sont ceux qui, comme le curé, pouvant parcourir tranquillement le cercle borné des devoirs que leur profession leur impose, se jettent hors de leur sphère pour se constituer juges dans des matières qu'ils n'entendent pas. Dans la seconde classe, je range ceux qui, ayant beaucoup d'ambition sans courage, beaucoup de prétentions sans talens, s'attachent à dénigrer les services rendus par les autres pour se faire un mérite d'avoir été inutiles et nuls toute leur vie.

Je restai encore le jour suivant chez M. Derville. Je parcourus le village, et je vis avec plaisir que l'esprit des paysans était tel que M. Lefranc m'avait dit. M. Derville, qui avait besoin d'un jardinier à l'année, prit, à ma recommandation, mon pauvre Michel Brémond, dont l'existence se trouvait par là assurée. Je chargeai en outre M. Gersain de lui remettre une somme suffisante pour procurer à sa famille tout ce qui lui manquait. Plus je restais dans cette maison, plus je m'attachais à ses maîtres, plus je sentais qu'il allait m'être pénible de m'en séparer. Il le fallait cependant. Le temps que je voulais consacrer à mon voyage en France était bientôt écoulé. Je voulais encore aller chez M. de Hautencour, et, avant de quitter la France, retourner à Paris dire adieu à mes deux amis. Je fis part de ma résolution à M. Derville, qui ne la combattit qu'autant qu'il le fallait pour me prouver que je lui ferais plaisir en prolongeant mon séjour chez lui. Me voyant décidé, il n'insista plus.

Je pris congé de M. Gersain et de M. Lefranc; j'embrassai affectueusement M. Derville et son épouse. M. Derville fit seller son cheval, et voulut m'accompagner à quelque distance de chez lui. J'avais le cœur si serré en m'éloignant de cette aimable et vertueuse famille, que nous parlâmes peu pendant le chemin. A environ une lieue du château, M. Derville me quitta. Adieu, me dit-il en m'embrassant. Vous avez voulu voir la France. Il fut un temps où vous l'auriez vue puissante et redoutée au dehors, sans la trouver beaucoup plus heureuse au dedans. N'en doutons pas, sa prospérité renaîtra si les passions s'apaisent, si le Roi vit assez pour consolider les bases sur lesquelles il a établi son gouvernement. Pour moi, spectateur obscur de tous les débats qui nous agitent, je ne chercherai jamais à me faire remarquer que par ma résignation à supporter les sacrifices que le repos et le salut de la France exigeront. Placé dans cette position heureuse où l'on ne peut prendre une part active aux affaires publiques, je tâcherai d'être utile par l'exemple que je donnerai à tous ceux qui m'entourent. Puissé-je leur inspirer la patience nécessaire pour supporter sans murmure les charges énormes qui pèsent sur eux! Tous les bons citoyens (et leur nombre est encore bien grand) pensent comme moi. Ils useront de leur fortune pour subvenir aux besoins de l'état, et de leur influence pour contenir, pour ramener ceux que le mécontentement pourrait égarer. Quoique malheureuse, la nation française n'a dû rien perdre dans votre esprit. Elle peut encore être grande dans le malheur, comme elle l'a été dans la prospérité. Vous reviendrez peut-être quelque jour en France; alors, je l'espère, son sort aura changé, et vous la trouverez jouissant de l'heureux avenir que le Roi lui prépare.

CHAPITRE XII.

LE GENTILHOMME DE CAMPAGNE.

En quittant la maison de M. Derville, mon intention était d'aller chez M. de Hautencour, pour lequel j'avais une lettre, et que Murville m'avait recommandé de voir. Cette terre n'était qu'à six lieues de celle de M. Derville. J'y arrivai vers une heure. La maison était grande. Son air de vétusté et d'abandon annonçait que le propriétaire, qui en avait été long-temps éloigné, n'avait pu y faire faire toutes les réparations qu'elle exigeait. C'était un long corps de bâtimens flanqué de deux gros pavillons. Je mis pied à terre dans la cour; un domestique, vêtu d'une antique livrée, m'annonça au maître de la maison, qui vint me recevoir à la porte d'une grande salle, où l'on me fit entrer.

Je présentai la lettre de mon oncle. M. de Hautencour était un homme de soixante ans, d'une figure respectable; il avait ces manières aisées et polies que donne l'habitude du grand monde. Lorsqu'il eut lu la lettre de mon oncle, il m'embrassa en me témoignant le plaisir qu'il éprouvait de posséder chez lui le neveu d'un homme auquel il avait beaucoup d'obligations. Je suis fâché, me dit-il, que vous soyez venu en France dans un moment aussi difficile. Les gens comme nous ont beaucoup à souffrir de ce qu'ils sont obligés de voir et d'entendre. Vous venez d'un pays où les funestes idées qui ont déjà perdu la France, font chaque jour de nouveaux progrès. Tâchez d'être plus sages que nous, et, au lieu de les accueillir, de les respecter comme on le fait en France, puissiez-vous les étouffer, et anéantir jusqu'à la trace des institutions qu'elles ont amenées. — Ce que vous désirez est, je crois, devenu impossible. — Impossible! parce qu'on ne veut pas, qu'on n'ose pas le tenter. — Et cette timidité fait honneur à la prudence de ceux auxquels vous la reprochez. — Prudence bien louable en effet que celle qui les empêche de voir l'abîme où ils se précipitent! — C'est, je crois, en suivant la route opposée, qu'ils y seraient tombés infailliblement. — Comment! monsieur le comte, c'est un homme de votre naissance qui se fait le défenseur de la doctrine des révolutionnaires? — Je ne crois pas que ma naissance m'oblige à défendre les préjugés qu'on suppose y être attachés. Le progrès des lumières nous a démontré les inconvéniens, les vices qui sont attachés à ces préjugés. Lorsque le peuple a ouvert les yeux, n'ayons pas la honte de paraître moins éclairés que lui. Sacrifions de bonne grâce des prétentions qui nous couvriraient de ridicule, sans nous rendre des prérogatives que nous regretterions inutilement. Montrons-nous supérieurs aux autres, en talens, en lumières, en désintéressement, en patriotisme ; c'est ainsi que nous conserverons sur le peuple un ascendant que ne peut plus nous donner le vain avantage de la naissance. Loin de soutenir la doctrine des révolutionnaires, je la déteste ; et c'est justement pour déjouer leurs projets, qu'il faut respecter ce que la révolution a produit de bon, et se conformer à l'impulsion qu'elle a donnée à tous les esprits, puisqu'il serait inutile de vouloir y résister. — Je vois bien que la contagion vous a gagné. Il est donc vrai que ces exécrables principes trouvent des apologistes parmi ceux même qui, par état, devraient les combattre ! C'est M. le comte de *** qui les professe ! mon curé ne rougit pas de s'en avouer le partisan ! que dis-je ? le chef de la noblesse lui-même, le souverain, entraîné par des ministres qui le trompent, les proclame d'une manière solennelle ! Pour moi, dégoûté d'un monde où nous ne jouons plus le rôle auquel nous devons prétendre, d'une cour où nous voyons marcher de pair avec nous, quelquefois même au-dessus de nous, des hommes sortis de la classe du peuple, n'ayant pour eux que de prétendus services dont ils devraient rougir, et qui ne peuvent en aucune manière compenser la naissance qui leur manque, je me suis retiré dans cette terre. Je m'attends à tous les maux qui doivent fondre sur nous. Quels qu'ils soient, je les ai prédits. Je consacre tous mes soins à l'éducation d'un jeune neveu, qui paraîtra à la cour, si la véritable noblesse ne finit pas par en être exclue. Dans tous les cas, celui-là aura les sentimens d'un vrai gentilhomme, et il ne craindra pas de manifester hautement la haine que je lui inspire pour les idées désorganisatrices qui déshonorent notre siècle.

Je ne répondis pas à M. de Hautencour; je vis bien que tous les efforts de la raison seraient inutiles près d'un homme qui ne voyait rien de raisonnable que ses préjugés, rien de légitime que ses prétentions et tout ce qui s'y rattache. Madame de Hautencour parut quelques instans après. Elle avait quelques années de moins que son mari; mais la morgue et l'orgueil perçaient dans ses moindres gestes. Elle n'avait pas l'affabilité de M. de Hautencour; elle me parut encore bien plus attachée aux principes illibéraux et bien plus intolérante que lui. J'en jugeai par le soin qu'elle eut de me débiter, aussitôt qu'elle sut que j'arrivais de Paris, la kyrielle de tous les sarcasmes usés que j'avais entendu répéter sur les ministres. Je ne dis pas un mot qui pût lui faire soupçonner ma façon de penser. On ne risque jamais rien d'accorder une pleine et entière victoire à de pareils adversaires.

Bientôt elle me parla de son neveu, qu'elle voulait me présenter; elle sonna. Un domestique parut: Que fait monsieur le vicomte, mon neveu? — Madame, il est avec son précepteur. — Dites son gouverneur. Allez lui dire que je l'invite à descendre. Elle prit occasion de là de me faire l'éloge du gouverneur. C'était un homme aussi recommandable par ses lumières, que par ses bons principes. Plût au ciel que l'éducation de la jeunesse en France n'eût jamais été confiée qu'à de pareils hommes! Elle m'apprit que c'était lui qui avait fait, dans un de nos journaux, cette importante proposition de donner le nom de pistoles et de demi-pistoles aux pièces de quarante et de vingt francs; qu'il s'était aussi occupé d'un plan d'organisation pour la nouvelle École Polytechnique, que malheureusement on n'avait pas suivi, et dont l'article principal était que les élèves devaient porter des soutanes. Enfin, me dit-elle, il élève si bien mon neveu, il le garantit si bien de la contagion des idées nouvelles, qu'il n'aura point l'air d'être né dans le siècle. Je me fis, par tout ce qu'elle me disait, une haute idée de ce gouverneur, et je me figurais d'avance les avantages qui devaient résulter pour un jeune homme d'être en de pareilles mains.

L'arrivée du jeune vicomte vint confirmer toutes mes conjectures. En entrant il ne salua que son oncle et sa tante, et n'eut point l'air de m'avoir vu. Ce ne fut qu'après que sa tante m'eut nommé, qu'il accorda un salut à ma qualité de comte. Il n'était point d'un physique désagréable ; mais un maintien roide et empesé et une gravité au-dessus de son âge contrastaient d'une manière grotesque avec sa physionomie naturellement vive et enjouée. Il s'assit, et sa tante lui demanda s'il était dans l'intention de faire sa promenade accoutumée ; il répondit qu'un exercice modéré était nécessaire à la vigueur et à l'accroissement du corps. Elle lui demanda s'il ferait sa promenade à pied ou à cheval. Il répondit que l'équitation était une partie de l'éducation d'un gentilhomme, et qu'à ce titre il ne devait pas la négliger. Je vis qu'il répondait par une maxime à toutes les questions qu'on lui faisait; et que, sur quelque sujet qu'on l'interrogeât, sa réponse était faite d'avance, et toujours conçue dans des termes laconiques et sentencieux. Cette découverte me donna la mesure de la capacité de l'élève et des talens du gouverneur. Bientôt il tira sa montre, et dit que l'heure de sa promenade était arrivée. Il sortit en débitant une sentence sur la nécessité d'employer utilement le temps, qui ne revient plus. M'étant approché de la fenêtre, qui donnait sur la cour, je le vis monter à cheval, et je m'aperçus que son gouverneur, ancien ecclésiastique, était en même temps son professeur d'équitation.

Un instant après qu'il fut sorti, le curé du lieu entra. M. et Mme. de Hautencour le reçurent avec une froideur qui allait jusqu'à la malhonnêteté. Le curé n'en parut pas déconcerté, et sa physionomie douce et imposante ne laissa paraître aucun signe de dépit. Les maîtres de la maison, auxquels j'avais été obligé de promettre que je passerais avec eux cette journée et peut-être la suivante, me laissèrent avec le curé, en me priant de les excuser sur la nécessité où ils étaient d'aller donner des ordres. Quand je fus seul avec le curé, je lui demandai s'il était content de l'esprit et des dispositions de ses paroissiens. Les paysans, me dit-il, sont toujours portés à juger sainement. Ils ont un bon sens qui leur fait discerner facilement ce qui est conforme à leurs intérêts d'avec ce qui y est contraire. Il est fort difficile de leur faire prendre le change là-dessus, surtout quand ils ont quelqu'un pour les éclairer et les guider. L'ordonnance du 5 septembre, et tout ce qui s'en est suivi, a été accueilli par eux avec de vives démonstrations de joie. Ils ont bien vu que c'étaient leurs intérêts et ceux du peuple que le Roi prenait en main. Je les ai confirmés de tout mon pouvoir dans ces bonnes dispositions, qui ne peuvent que leur faire chérir davantage le prince qui mérite toute leur vénération et tout leur amour. M. de Hautencour m'en a blâmé hautement; mais, comme il s'agit ici de remplir mes devoirs et de suivre les sentimens de ma conscience, je suis indifférent aux censures comme aux louanges, et j'agis selon mon cœur. — Ce guide ne vous trompera jamais. Avez-vous des militaires dans votre paroisse? — Nous en avons plusieurs. Ce sont tous de braves gens que j'estime beaucoup. — Ont-ils servi dans la dernière guerre? — Oui. — Et malgré cela... — Nous devons de l'indulgence aux erreurs, et surtout à celles qui, comme celles-ci, supposent dans ceux qui s'y sont livrés du courage et une certaine élévation de sentimens. — Y a-t-il des officiers dans le nombre? — Il y en a un qui a vingt ans de service. C'est un brave homme, un bon citoyen. Il vient souvent chez moi, et je le reçois toujours avec plaisir. — N'est-il point reçu dans cette maison? — Non, M. de Hautencour ne veut pas le voir. — Pourquoi? — Vous avez déjà pu juger de l'exagération de ses opinions. Il ne veut pas entendre parler de tout ce qui a tenu à la révolution, de tout ce qui a servi sous le gouvernement précédent. Il serait inutile de chercher à combattre des préjugés, qui sont trop enracinés chez lui pour céder à des raisonnemens. Depuis que je m'en suis aperçu, je tâche d'éviter tout ce qui peut le choquer. Je garde le silence quand il soutient des opinions que je ne partage pas, et je me console de la froideur qu'il me marque, en songeant à l'affection et à la confiance qu'ont pour moi mes paroissiens.

Ma conversation avec le curé fut interrompue par le retour du jeune vicomte, qui rentrait dans un état bien différent de celui où il était sorti. Ses cheveux étaient en désordre, ses habits étaient pleins de boue, et il pleurait de toutes ses forces. Monsieur et Madame de Hautencour, tout effarés, accoururent au bruit qu'il faisait. En un instant, la salle fut pleine de tous les gens du château, qui cherchaient à savoir l'accident arrivé au vicomte. Je m'imaginai qu'il était tombé de cheval. Pour lui, suffoqué par les sanglots, il ne faisait entendre que des mots entrecoupés qui ne pouvaient satisfaire la curiosité générale. Je conseillai à M. de Hautencour, de le faire conduire dans sa chambre, où il pourrait calmer son agitation et réparer son désordre.

Quand il fut sorti, nous apprîmes la cause de son chagrin. Le vicomte était malheureusement sorti sans son gouverneur, dont le cheval s'était trouvé déferré au moment de la promenade. En passant dans le village, le cheval du vicomte, qui n'était ni jeune ni vigoureux, avait buté: le vicomte l'avait retenu, mais la secousse avait fait tomber son chapeau dans la boue. Il se trouvait justement devant l'auberge du village. Le fils de l'aubergiste, garçon de l'âge du vicomte, était sur la porte. Paysan, viens ramasser mon chapeau. Le paysan de le regarder et de ne bouger. M'entends-tu, coquin? Même immobilité de la part du paysan, qui se met à rire. Tu veux que j'aille te châtier! dit le vicomte furieux, en mettant pied à terre. Il court vers le paysan, et lui donne un coup de cravache au travers du visage. Celui-ci, plus robuste que le vicomte, lui arrache sa cravache, le terrasse, et l'étrille d'importance. Heureusement l'aubergiste arriva et tira le vicomte des mains de son fils, qui lui eût cruellement fait payer le coup qu'il en avait reçu. Le vicomte, furieux et désespéré, était revenu au château au milieu des huées des petits paysans.

M. de Hautencour, aussitôt qu'il apprit ces détails, éclata en menaces et en imprécations contre l'aubergiste et contre son fils. Il avait saisi sa canne et annonçait qu'il allait châtier ces drôles. — Réfléchissez bien à ce que vous allez faire, lui dit le curé, et craignez de compromettre votre âge et votre dignité. Si vous avez à vous plaindre de l'aubergiste, les lois sont là pour vous rendre justice; mais elles vous défendent de vous la faire vous-même. Si vous vous mettez le premier au-dessus des lois, vous autorisez cet homme à en faire autant; dès lors vous vous engagez avec lui dans une lutte d'égal à égal, puisque la force du corps en décidera, et l'avantage peut fort bien ne pas vous en rester. Le dernier des paysans devient votre égal dès que vous le maltraitez ; vos titres, votre naissance, ne sont rien pour eux. Ils savent que la loi est la même pour tout le monde, et que, grâce à nos institutions, le niveau de l'égalité plane sur toutes les têtes. Vous n'avez donc aucun droit d'aller maltraiter un homme chez lui, parce que votre neveu a provoqué son fils. Par cette conduite imprudente, vous vous attireriez des désagrémens qui ne diminueraient rien de ceux qu'a éprouvés le vicomte. — Comment ! je souffrirai qu'une pareille canaille porte impunément la main sur mon neveu ! — Faites attention que c'est votre neveu qui l'a frappé le premier. Si le paysan a des torts, c'est peut-être d'avoir frappé trop fort. Soyez sûr que son père le punira, je l'y engagerai moi-même ; mais vous ne pouvez pas en exiger d'autre satisfaction.

Je me joignis au curé pour faire entendre raison à M. de Hautencour, et il finit par se calmer malgré sa femme, qui n'avait cessé de l'exciter, et qui nous injuriait presque, parce que nous arrêtions la juste vengeance de son mari. Le gouverneur entra, et annonça que le vicomte n'avait reçu aucun coup dangereux.

Le curé prit alors la parole d'un ton d'autorité :

Si quelqu'un mérite dans tout ceci des reproches graves, c'est monsieur, dit-il en montrant le gouverneur. C'est aux principes qu'il professe que le vicomte doit la scène désagréable qui vient de lui arriver, et qu'il devra des humiliations bien plus pénibles dans la société, où il doit paraître. Je ne discuterai point sur cette ridicule manie de vouloir tout ramener à des usages que la raison et l'expérience ont proscrits, sur ces interminables lamentations où l'on déplore la corruption des mœurs actuelles. Je veux bien laisser à ceux qui s'y complaisent le plaisir de croire qu'ils ont raison, et la consolation de se consumer en regrets inutiles : mais, quelque condamnables que soient les institutions modernes, elles existent. Quelque abusives que soient, suivant vous, nos lois, elles sont sanctionnées par l'approbation du peuple, par une habitude de vingt-cinq ans; elles sont enfin revêtues de la force et de l'autorité, qui doivent y soumettre tous les citoyens indistinctement. M. le vicomte, par l'effet de ces institutions et de ces lois, n'est plus qu'un citoyen ordinaire. Votre premier devoir est donc de lui enseigner cette soumission, quelle que soit votre opinion sur ces lois en elles-mêmes. Ce devoir, l'avez-vous rempli? Loin de là, vous lui avez rendu cette soumission impossible, en lui peignant tout ce qui ne s'accorde pas avec votre façon de penser comme digne de son mépris et de sa haine. Vous lui avez enseigné à professer publiquement ce mépris et son attachement à des préjugés, à des prérogatives essentiellement opposés à l'esprit de nos lois et de nos usages. Vous avez sacrifié l'éducation de votre élève, ses succès à venir dans le monde, à l'intention peu honorable de flatter les opinions de son oncle, et à une coupable condescendance pour les vôtres. Vous lui avez enseigné que la naissance était tout, que c'était un titre aux hommages, à la déférence, au respect, et, dès son premier pas dans le monde, il s'apercevra que le prestige des noms est tout-à-fait détruit, et qu'on n'accorde de considération à chacun, que celle qu'il mérite par lui-même. Ainsi, il marchera de surprise en surprise, et il ne reconnaîtra chacune des erreurs dont vous l'aurez imbu, que par les désagrémens et les humiliations qu'elles lui attireront ; vous en avez aujourd'hui le premier exemple. Ce qui lui est arrivé n'est, en raison de son âge, qu'une mortification passagère. Par la suite, il recevra des affronts cruels, il se couvrira d'un ridicule ineffaçable, qui influera pour toujours sur sa réputation. Voilà, monsieur, les réflexions que vous auriez dû faire. Vous voyez que, même en vivant dans la retraite, vos leçons lui ont déjà fait faire une sottise. Jugez par là de celles qui l'attendent dans la société. Vos sermons et vos plaintes ne changeront rien à l'ordre de choses établi; la raison dans ce siècle, que vous vous croyez le droit de réformer, ne rétrogradera pas, comme vous voudriez l'y contraindre. Ce n'est donc point un partisan de vos opinions, un écho de votre doctrine, que vous avez dû prétendre faire de votre élève; c'est un homme éclairé, un bon citoyen, un ami de l'humanité et de la raison. Par cette marche, vous lui eussiez procuré des succès durables, une considération méritée, une réputation honorable. Par celle que vous avez suivie, vous ne lui préparez que des affronts et le ridicule dont on se plaît à couvrir cette manie de tout fronder, qui n'a plus même le mérite de l'originalité.

Le curé cessa de parler. Le gouverneur, monsieur et madame de Hautencour se regardaient en silence; aucun ne songea à prendre la parole. M. de Hautencour se promenait à grands pas; sa femme, au coin du feu, enrageait en silence. Le curé sortit un instant après.

Sa sortie fut suivie d'une explosion simultanée de tous les sentimens qui étouffaient nos trois personnages. Ils avaient tant de choses à dire, qu'ils parlaient tous trois en même temps. Le dernier qui avait la parole voulait toujours enchérir sur ce qu'avaient dit les deux autres. Enfin, ils furent d'accord pour conclure que tout était perdu, qu'il n'y avait plus rien à espérer dans un siècle où les paysans ne se laissaient plus rosser par les gentilshommes, où le fils d'un aubergiste pouvait impunément donner des coups de poing à un vicomte qui venait lui couper la figure d'un coup de cravache. Je vis bien qu'il fallait se résigner, et que tout le temps que je serais dans cette maison, je devais m'attendre à entendre répéter ces impertinens propos.

On vint heureusement annoncer que le dîner était servi. La plus pompeuse étiquette régnait dans ce repas ; des laquais versaient à boire. Je m'aperçus que le vin était détestable, et je pensai que peut-être on ferait mieux de s'épargner les frais d'un échanson, et de mieux abreuver ses convives. On parla peu pendant le dîner ; la scène du vicomte avait rembruni toutes les humeurs. M. de Hautencour, qui voyait que j'étais loin de partager ses opinions, avait la politesse d'éviter de parler de tout ce qui eût pu me choquer. Par la même raison, sa femme agissait d'une manière tout opposée. Elle voulait à toute force me convertir et me ranger, malgré moi, sous les bannières de son parti. Quelque soin qu'on prît, elle revenait toujours à son sujet favori; mais comme personne ne la secondait et qu'elle avait peu d'esprit, la conversation tombait à chaque instant et ne se relevait que de loin en loin. Le repas fut long, et je le vis finir avec plaisir.

Après le dîner, un gentilhomme du voisinage vint avec sa femme. Après les premiers complimens, ils entamaient déjà la litanie accoutumée lorsqu'un coup d'œil de M. Hautencour les avertit que j'étais un faux frère. Ils se turent malgré tout ce que madame de Hautencour fit pour les engager à continuer. Pendant le silence qui s'ensuivit, j'eus le temps de contempler la vétusté de l'ameublement de la pièce où nous étions. Une tapisserie de haute lisse, noircie par le temps, d'antiques fauteuils et un grand nombre de portraits de famille, donnaient à cette salle un air sombre et assez imposant. Bientôt on proposa un boston, et il fallut bien se résigner. J'eus l'honneur de faire la partie avec la maîtresse de la maison. Jamais partie plus grave et plus silencieuse n'allongea plus péniblement les heures d'une soirée. On se retira à dix heures. Il était temps, car je n'en pouvais plus.

Le lendemain matin, je fus me promener seul dans le village; ma première visite fut pour le curé. Quand j'entrai chez lui, il revenait de dire sa messe. Il n'y avait pas long-temps que j'y étais, lorsqu'un paysan entra le chapeau bas, et demanda au curé quel jour il pourrait le marier. Mon ami, lui dit le curé, vous avez vu que j'aurais désiré que votre mariage se fît dimanche dernier. Cela n'ayant point été possible, il faut nécessairement attendre jusqu'après Noël. Vous ne pouvez vous marier pendant l'Avent sans avoir une dispense. — Eh bien, comment faut-il faire pour avoir ma dispense? — Il faut écrire à l'évêque, et payer la somme nécessaire. — Dites donc tout bonnement qu'il vous faut de l'argent. — Mon ami, ce n'est point moi qui ai établi cette règle, je ne fais que m'y soumettre. Je suis fâché de la contrariété qu'elle vous cause._Je le crois bien, monsieur le curé; mais diantre soit des dispenses et de celui qui les a inventées, dit le paysan en sortant brusquement et de mauvaise humeur.

Quand il fut sorti, je témoignai au curé ma surprise de ce qu'un pareil usage eût survécu aux nombreuses réformes qui se sont opérées. Cet usage, me dit-il, est nouvellement rétabli, et je crois que c'est mal à propos. Le clergé, aussitôt qu'il s'est vu protégé par le gouvernement, a plutôt songé à faire sentir son autorité, qu'à rétablir par la persuasion l'empire de la religion. Il n'y a cependant que ce rétablissement qui puisse lui rendre dans l'opinion la considération qu'il regrette. Le mariage est l'accomplissement du vœu de la nature, sanctionné par la religion. Il est donc bon en lui et conforme au but de la société. Pourquoi donc y aurait-il des temps où on offenserait Dieu en le contractant? Sur quoi fondera-t-on un pareil scrupule, et quel nom donnera-t-on à ce scrupule, lorsqu'on verra qu'il ne faut que de l'argent pour le dissiper? Ainsi, nous créons nous-mêmes des offenses chimériques à la Divinité, de prétendues profanations, afin d'accorder le droit de les commettre en payant le prix convenu. Il vaudrait mieux encore interdire complétement la célébration du mariage pendant le temps où nous la supposons désagréable à Dieu. Alors, en maudissant la sévérité de nos principes, on pourrait au moins nous croire de bonne foi, et l'on ne perdrait pas pour nous le respect qu'on ne peut refuser à la dévotion, quelque excessive qu'elle soit, quand on la croit sincère. Loin de là, nous ne feignons des scrupules que pour qu'on les fasse taire à prix d'argent. Alors on ne voit plus dans notre conduite que la cupidité qui se couvre du manteau sacré de la religion; alors l'indulgence des ministres du culte devient, comme toutes les choses du monde, assurée au riche, interdite au pauvre. Le droit de dispense a pu être autrefois un impôt fondé sur la crédulité. Il ne l'est plus maintenant que sur la nécessité où les lois mettent d'avoir recours à nous. Obligé de se soumettre par force aux conditions que nous imposons, on maudit cette nécessité. Est-ce ainsi qu'on prétend ramener les cœurs à l'amour de cette religion, qui ne veut rien que de volontaire, qui ne sait gré à chacun que de son intention ? Nous prêchons la loi de ce Dieu *qui vous comptera un soupir et un verre d'eau donné en son nom* (*), *plus que tous les autres ne feront jamais tout votre sang répandu ;* et cependant, sourds aux désirs du pauvre, nous ne pouvons être fléchis que par les trésors du riche. Après la secousse que nous avons éprouvée, il n'y a que l'humilité, le dé-

---

(*) Bossuet, oraison funèbre du Grand Condé.

sintéressement, la douceur, qui puissent, je ne dirai pas faire aimer le clergé, mais l'empêcher d'être haï. Soyons donc modestes, au lieu d'être exigeans; indulgens, au lieu d'être sévères: surtout ayons l'air d'attacher plus de prix aux bonnes actions, qu'aux pratiques religieuses. Informons-nous si un homme est bon père, bon citoyen, bon époux, au lieu de nous borner à lui demander son billet de confession. Que les pratiques de la religion soient toujours accompagnées des vertus que cette religion enseigne, et alors elles redeviendront respectables, même aux yeux de ceux qui n'auraient pas envie de les suivre. Ne distinguons jamais les devoirs de la religion de ceux de la société; car les premiers n'ont été institués que pour garantir l'exécution des seconds. Si les vertus se montrent toujours à côté de la dévotion, il sera permis de croire qu'elles en sont le résultat: alors tous les cœurs honnêtes reviendront d'eux-mêmes à l'amour de cette religion, qu'ils pourront regarder comme la source de tout ce qui est bon et louable; tous les amis de l'humanité et de la vertu applaudiront à un si beau résultat, et l'incrédulité même sera réduite au silence.

J'éprouvais la plus respectueuse admiration pour ce vénérable pasteur, qui parlait avec tant de candeur sans se croire obligé, par sa robe, de justifier ce qu'il condamnait intérieurement. Je lui témoignai combien j'aimais sa doctrine, et je le quittai profondément ému de tout ce que j'avais entendu.

Quand je fus de retour au château, j'éprouvai un sentiment pénible en me retrouvant avec des personnes si différentes de mon bon curé. Je parlai de lui au gouverneur. J'appris que le curé, pendant les orages de la révolution, occupait une cure sur les côtes de Normandie; que sa maison avait été l'asile des proscrits; qu'au milieu des dangers de toute espèce, il les conduisait pendant la nuit à l'endroit de la côte où ils devaient trouver une embarcation; que cet homme, naturellement timide, bravait avec un courage sans exemple la mort et toutes les persécutions, lorsqu'il s'agissait d'y dérober ses semblables ! Cependant le curé ne faisait pas valoir ses services. Il ne se plaignait pas qu'on l'oubliât. Touchant désintéressement; qui me rappela ce que m'avait dit Dupré, et que peut seule inspirer la vraie religion !

J'annonçai l'intention où j'étais d'aller coucher à S***. M. de Hautencour, après m'avoir fait les instances d'usage pour m'engager à rester, dit qu'il avait besoin lui-même à S***, et qu'il serait enchanté de faire le voyage avec moi. Cela fut convenu de suite. A l'heure fixée pour le départ, je fus prendre congé de madame de Hautencour.

Elle me reçut avec un air solennel, et après m'avoir souhaité un bon voyage et un heureux retour dans ma patrie, elle me dit : En rendant compte de l'état déplorable de la France, vous pourrez dire au moins que la noblesse française n'a point démenti son caractère, vous pourrez dire qu'elle n'a point, par une honteuse soumission, légitimé les injustices dont on l'accable. Oui, ces droits sacrés, ces prérogatives inaliénables, qu'on veut nous ravir pour jamais, nous les défendrons, nous les revendiquerons sans relâche. Nous ferons voir au Roi qu'on le trompe, nous le désabuserons malgré lui. Il ne s'agit pour cela que de persuader au peuple que tout ce qui se fait est mal et contraire au bien public. C'est, je l'espère, à quoi nous réussirons. Qu'on ne m'objecte plus la nécessité de rallier la nation au gouvernement, le danger de le décréditer : quand ce gouvernement prend une marche opposée à nos intérêts, à notre dignité, à nos opinions, nous ne sommes plus obligés à rien envers lui ; et nous devons tâcher de le ramener aux bons principes, à quelque prix que ce soit.

Je me tournai vers M. de Hautencour comme pour lui demander si c'étaient là ses sentimens. Un geste approbateur me le confirma. Je pensai alors à ce que M. Derville m'avait dit en me quittant. Fiers soutiens des prérogatives de la noblesse, cette comparaison n'était pas à votre avantage!

Je partis avec M. de Hautencour pour la ville de S***. Le soir, il me mena dans une des principales maisons de la ville. Qu'est-il besoin d'entrer dans de nouveaux détails? Je retrouvai là les mêmes ridicules, la même morgue, les mêmes principes qu'à Paris et qu'au château de M. de Hautencour. J'y vis en outre un spectacle qui m'affligea bien davantage. Le sous-préfet, dont on m'avait parlé comme d'un homme éclairé, d'un bon citoyen, plein de modération dans ses opinions, était dans cette société. J'éprouvai une peine difficile à rendre en le voyant par condescendance manifester des opinions qu'il réprouvait, professer des principes qu'il désavouait, et tout cela pour se concilier la bienveillance de quelques hommes, qu'il supposait sans doute assez forts pour faire changer la marche des choses, et capables, dans ce cas, d'inquiéter ceux qui n'auraient pas pensé comme eux.

Je partis le lendemain pour Paris.

CONCLUSION.

A mon arrivée, j'allai chez Murville, auquel je fis le récit de tout ce que j'avais vu dans mon voyage. Suffisamment instruit sur les sentimens de la nation, je lui annonçai que je me disposais à retourner en Allemagne. J'en ai assez vu, lui dis-je, pour être convaincu que l'immense majorité de la nation aime le Roi et approuve sa conduite. Tous ceux qui se croient intéressés à le blâmer ne se feront point de partisans. Leurs artifices sont inutiles; le secret de leur conduite est dévoilé : ils ne sont plus à craindre. Murville me confirma dans l'opinion que j'avais rapportée de mon voyage. Il m'apprit que le duc de *** était de retour à Paris, qu'il lui avait annoncé ma visite. Nous y allâmes ensemble.

Quelque idée que je me fusse faite d'avance sur son compte, je reconnus qu'elle était au-dessous de la réalité. Il y avait chez lui un grand nombre de personnages revêtus d'éminentes dignités, des généraux de l'ancienne armée, etc. Tout ce que l'amour de la patrie et du souverain peuvent inspirer de plus noble, la bonté et la modération de plus touchant, l'élévation des sentimens de plus admirable, se trouvait réuni dans les discours du duc. Il joignait à cela une éloquence douce et persuasive, qui le faisait écouter avec d'autant plus de plaisir, qu'elle servait à parer les idées les plus libérales et les sentimens les plus généreux. Je retournai plusieurs fois chez lui, et je reconnus qu'autant une naissance illustre semble dégrader l'homme qui ne la soutient par aucune espèce de mérite, autant elle inspire de respect lorsqu'elle se trouve rehaussée par les éclatantes vertus que j'admirais dans le duc de ***. Pénétré de la plus profonde vénération pour lui, il semblait que je craignisse de rencontrer dans la société des hommes qui, par le spectacle de leurs travers, détruisissent l'enchantement où j'étais. Je hâtai les préparatifs de mon départ, pour emporter dans toute sa pureté l'impression qu'il avait faite sur moi. J'éprouvai de vifs regrets en me séparant de Murville et de Bernard, et je vis qu'ils partageaient mon attendrissement.

Adieu, leur dis-je, continuez de bien servir tous deux votre prince et votre patrie. D'après tout ce que j'ai vu, j'emporte avec moi l'espérance qu'un destin plus doux se prépare pour vous. Les préjugés se dissiperont, la raison triomphera, et ceux qui paraissent aujourd'hui les plus acharnés à la combattre, se rangeront sous ses bannières. S'il en est qui, irrévocablement attachés à leurs folles opinions, refusent d'ouvrir les yeux et de marcher avec leur siècle, le ridicule et le mépris en feront justice; et ils iront dans l'obscurité, pour laquelle ils sont faits, ensevelir leurs préjugés gothiques et leur rage impuissante. Non, cette terre si féconde en grands hommes, cette terre illustrée par tous les chefs-d'œuvre du génie, par tous les prodiges de l'héroïsme, ne retombera pas sous le joug avilissant d'un gouvernement opposé à ses mœurs, à son caractère, aux lumières du siècle. Ce joug qu'elle a brisé l'est pour jamais. Son exemple a entraîné ses voisins; et l'Europe lui devra le bienfait de ne plus voir dans son sein que des peuples régis par des lois de leur choix, par des lois qui consacrent leurs droits et leur liberté. Malheur à ceux qui ne se glorifient pas de porter le nom français, qui n'épousent point la gloire de leur patrie, qui ne sentent pas leur cœur tressaillir au récit des exploits de leurs concitoyens. Ceux-là sont étrangers à tout sentiment noble et généreux. Mais plus coupables encore ceux dont la main sacrilége a voulu flétrir vos lauriers ; ceux qui ont essayé de verser sur les hauts faits de vos armées l'opprobre et le mépris ! Les hommes qui ont scandalisé l'Europe par ce honteux délire, n'étaient pas Français ; ils n'en ont jamais eu les sentimens, ils n'ont jamais mérité d'en porter le nom.

Ensevelissez dans un profond oubli ces temps malheureux. Pour continuer d'être grands aux yeux des autres peuples, soyez-le à vos propres yeux, et ne vous croyez point avilis par vos derniers revers. Toutes les nations de l'Europe réunies n'ont triomphé qu'avec des efforts inouïs d'une nation seule, épuisée par vingt-cinq années de combats, et divisée dans son intérieur. Mais la victoire, qui vous quittait pour marcher devant leurs innombrables bataillons, avait perdu tout son éclat, et ses palmes ont été revendiquées par tant de peuples, que chacun d'eux n'a pu s'en approprier qu'un débris. Pour vous, vos triomphes ont été sans mélange, vous ne les avez partagés avec personne. Votre ombre épouvante encore ceux qui osent à peine se croire vos vainqueurs. Votre gloire est restée debout au milieu des ruines de votre puissance. Semblable à un colosse, elle s'élève au-dessus des trophées de vos ennemis, et, pour vous consoler, d'une main elle vous montre le burin de l'histoire, de l'autre elle soulève le voile qui cache à vos yeux l'avenir plus heureux, que vous saurez reconquérir sous ses auspices.

FIN.

TABLE
DES MATIÈRES.

Introduction. . . . . Page 5
Chap. I. L'officier de marine. 11
Chap. II. La Marquise. 22
Chap. III. Le Dîner d'étiquette. 37
Chap. IV. Le Repas de Corps. 52
Chap. V. Le Député. 63
Chap. VI. La Dispute. 81
Chap. VII. Les Tuileries. 88
Chap. VIII. Le Paysan. 93
Chap. IX. L'Officier à demi-solde. 99
Chap. X. Le Curé. 112
Chap. XI. L'Acquéreur de domaines nationaux. . . 122
Chap. XII. Le Gentilhomme de campagne. 145
Conclusion. 170

FIN DE LA TABLE.